OLDER CANADIANS ON THE MOVE

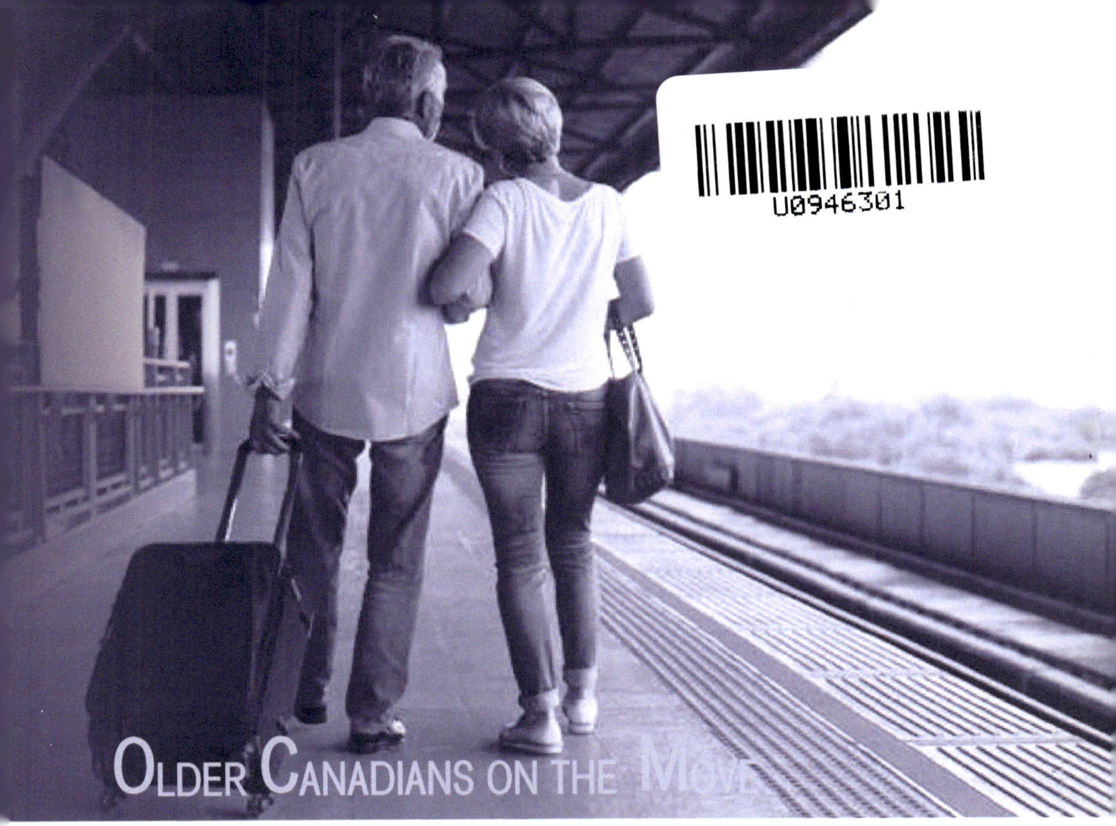

加拿大老龄化出行

老龄人口交通需求研究专家组　著
刘晓菲　陈徐梅　高　畅　译

加拿大学院理事会

版 权 说 明

图书在版编目(CIP)数据

加拿大老龄化出行/老龄人口交通需求研究专家组著;刘晓菲,陈徐梅,高畅译. —北京:人民交通出版社股份有限公司,2019.11

ISBN 978-7-114-15869-8

Ⅰ.①加… Ⅱ.①老… ②刘… ③陈… ④高… Ⅲ.①人口老龄化—关系—交通运输发展—研究—加拿大 Ⅳ.①F517.11

中国版本图书馆 CIP 数据核字(2019)第 221355 号

书　　名: 加拿大老龄化出行
著 作 者: 老龄人口交通需求研究专家组
译　　者: 刘晓菲　陈徐梅　高　畅
责任编辑: 杨丽改
责任校对: 孙国靖　扈　婕
责任印制: 张　凯
出版发行: 人民交通出版社股份有限公司
地　　址: (100011)北京市朝阳区安定门外外馆斜街 3 号
网　　址: http://www.ccpress.com.cn
销售电话: (010)59757973
总 经 销: 人民交通出版社股份有限公司发行部
经　　销: 各地新华书店
印　　刷: 北京虎彩文化传播有限公司
开　　本: 720×960　1/16
印　　张: 10.5
字　　数: 160 千
版　　次: 2019 年 11 月　第 1 版
印　　次: 2019 年 11 月　第 1 次印刷
书　　号: ISBN 978-7-114-15869-8
定　　价: 60.00 元
(有印刷、装订质量问题的图书由本公司负责调换)

译者序

国际上通常把 60 岁及以上人口占总人口的比例超过 10%，或 65 岁及以上人口占总人口比例达 7%，作为一个国家或地区进入老龄化社会的标准。20 世纪末，我国正式迈入老龄化社会。近年来，我国老龄人口增长率和占总人口的比例双双持续上涨，2018 年，我国 60 周岁及以上老年人已达到 2.4 亿人，占我国总人口的 17.2%，占全球老年人口总量约 1/4，居世界首位。

党的十九大报告提出，要“积极应对人口老龄化，构建养老、孝老、敬老政策体系和社会环境”。2019 年，我国颁布了《“健康中国 2030”规划纲要》。适应快速老龄化发展，建设良好的出行环境，保障老年人出行权益，是全面建成小康社会、建设健康中国的重要内容，也对完善适老化出行服务体系、做好适老化出行服务工作提出了新的更高要求。总体来看，我国适老化出行服务体系尚处于起步阶段，老年人出行“走得了”“走得好”等问题仍未得到有效解决，与安全、便捷、舒适、人性化、高品质的出行需求相比还有较大差距。

老年人是加拿大人口增长最快的群体，加拿大在适老化交通出行方面的管理和研究也起步较早，拥有许多成功实践，积累了很多宝贵经验，值得我国参考借鉴。在中加交通运输部联合研究计划第三阶段——交通领域创新合作框架下，译者通过加拿大交通部与本书版权所有方加拿大学院理事会（CCA）联系，获得译著授权，旨在和读者共同探讨老龄人口的交通出行需求及面临的出行障碍，以及如何建立一个包容性的交通运输体系，从而实现人人享有公平的出行权利。

本书分为两个部分，共六章内容，旨在回答一个核心问题，即“技术和创新如何帮助加拿大交通运输体系适应人口老龄化的需求”。第一部分介绍了解决本研究核心问题所需的背景信息：第一章为引言和背景；第二章介绍了加拿大各级政府在交通运输和无障碍管理方面的作用；第三章分析了加拿大老龄人口的交通出行需求。第二部分研究了加拿大如何建立一个能够尽可能减少老年人出行障碍的交通运输体系：第四章对老年人“门到门”出行进行讨论，分析了加拿大交通运输体系存在的出行障碍，并提供有助于减少这些障碍的措施举例；第五章提出支持加拿大建设包容性交通运输体系的 3 条主要路径，以便更好满足老年人出行需求;第六章总结了本书的主要结论。

交通运输部科学研究院城市交通与轨道交通研究中心自2003年建立交通运输系统首个城市交通专业研究团队以来,在老龄化与无障碍出行、可达性与交通公平等方面,开展了一系列工作。

本书译者主要来自中心"城市交通拥堵治理"创新团队的无障碍出行研究小组,由刘晓菲、陈徐梅、高畅负责统稿。编写组成员包括:杨新征、彭虓、许飒、周康、安晶、杜云柯、赵屾、宋伟男、路熙、刘洋、李文芳、孟悦、朱经纬、沙茜、祁昊、任祎。

本书的出版工作,得到了交通运输部孟秋和姚育章,以及人民交通出版社股份有限公司杨丽改和何亮等同志的大力支持,在此表示感谢。为充分尊重原著,本书沿用了原著中的术语,图表和照片也尊重原著的绘制及排版方式。由于译者水平有限,本书如有不足之处,敬请广大读者批评指正。

译　者

2019 年 8 月

加拿大学院理事会(CCA)
加拿大安大略省渥太华市埃尔金大街180号1401室,邮编:K2P 2K3

注:本研究报告在加拿大学院理事会(CCA)董事会批准下进行。董事会成员从加拿大皇家科学院(RSC)、加拿大工程院(CAE)、加拿大健康科学院(CAHS)和公众中选取而来。负责本报告的专家组成员由加拿大学院理事会(CCA)根据专家擅长领域和适度平衡考量甄选而成。

本研究报告是加拿大政府为响应交通部部长的要求而特地编写的。报告中的任何观点、发现或结论均仅来自作者,即老龄人口交通需求研究专家组,不代表其所属组织、受雇机构或赞助单位以及加拿大交通部的意见。

加拿大图书馆和档案馆出版编目

《加拿大老龄化出行》/老龄人口交通需求研究专家组

法语标题发布如下:Favoriser la mobilité des aînés canadiens

包括参考书目

以印刷版和电子版发行

ISBN 978-1-926522-34-0(软封面)-ISBN 978-1-926522-35-7 (PDF)

1. 老年人-交通-加拿大;2. 交通状况-加拿大

Ⅰ. 加拿大学院理事会(CCA)发行机构;Ⅱ. 加拿大学院理事会(CCA),老龄人口交通需求研究专家组,作者

HQ1063.5.O53 2017　　362.63'0971　　C2017-907016-9

C2017-907017-7

本报告应被引用为:

Council of Canadian Academies, 2017. *Older Canadians on the Move*. Ottawa (ON): The Expert Panel on the Transportation Needs of an Aging Population, Council of Canadian Academies.

录和网页的重组而发生变动。

印刷于加拿大渥太华

加拿大学院理事会(CCA)

加拿大学院理事会(CCA)

加拿大学院理事会(CCA)是一个独立的非营利组织机构,支持独立的、以科学为基础的、具有权威性的专家论证评估,以此促进加拿大公共政策发展。加拿大学院理事会(CCA)由董事会领导,并由科学咨询委员会提出建议,其工作内容涵盖广义的科学,包括自然科学、社会科学、健康科学、工程学以及人文科学等。加拿大学院理事会(CCA)邀请来自加拿大国内外独立的、多学科专家小组进行论证评估,旨在发现新问题、认知差距和加拿大的优势、国际发展趋势以及最佳实践等。在完成评估后,为政府决策者、研究人员和其他利益相关者制定科学、创新的公共政策提供所需的高质量信息。

加拿大学院理事会(CCA)的所有评估报告都要经过正式报告审查,然后向公众免费发布。评估报告可由基金会、非政府组织、私营部门或任一级别的政府提交给加拿大学院理事会(CCA)。

加拿大学院理事会(CCA)得到3个创始成员学会的支持:

加拿大皇家科学院(RSC)

加拿大皇家科学院成立于1882年,由艺术和人文学院、社会科学学院和科学院,以及新学者、艺术家和科学家学院(即加拿大第一个多学科认可加拿大新一代知识领导力的全国体系)组成。其使命是促进艺术、人文科学、自然科学和社会科学的学习和研究,为政府和相关组织提供建议,并在加拿大和世界各地的其他国家级学院促进知识和创新文化。

加拿大工程院(CAE)

加拿大工程院属于国家机构,成立于1987年,是一个独立的、自负盈亏的非营利机构。最杰出和经验最丰富的工程师们,可以通过该机构对加拿大的重大问题提供战略建议。工程院院士由同行评议提名和选出,以表彰其做出的杰出成就以及对工程专业的长期贡献。工程院约有研究人员600名,他们致力于将加拿大工程专业知识造福于所有加拿大人。

加拿大健康科学院(CAHS)

加拿大健康科学院成立于2004年。该院对影响加拿大人健康的问题提供及时、可靠和公正的评估,并提出战略性、可操作的解决方案。加拿大健康科学院根据其对加拿大健康科学领域的学术成就以及为加拿大公众服务的意愿来任命研究人员,现有607名研究人员,每年补选一次新的研究人员。该组织由志愿者董事会和执行委员会管理。

www. scienceadvice. ca

@scienceadvice

老龄人口交通需求研究专家组

加拿大学院理事会(CCA)在科学咨询委员会、董事会和成员学会的指导下,组建了老龄人口交通需求研究专家组来负责本项目研究。其中的专家都是根据各自专业知识、经验和在本项目相关领域的影响力等遴选而出。

Neena L. Chappell,外科硕士,加拿大皇家学会会员,加拿大健康科学院院士(担任主席),维多利亚大学老年人终身健康研究所及社会学系荣誉教授(英属哥伦比亚省,维多利亚)

Maureen Ashe,英属哥伦比亚大学家庭医疗系副教授,髋关节健康与出行中心教授,加拿大社区出行研究会主席(英属哥伦比亚省,温哥华)

Howard Bergman,加拿大健康科学院院士,麦吉尔大学家庭医学系主任,家庭医学、医药学和肿瘤学系教授(魁北克省,蒙特利尔)

David Timothy Duval,温尼伯大学商业和经济学院副教授,曼尼托巴大学交通学院副教授(曼尼托巴省,温尼伯)

Geoff Fernie,加拿大健康科学院院士,大学健康网络、多伦多康复研究所所长,多伦多大学生物材料与生物医学工程研究所外科教授(安大略省,多伦多)

Katharine M. Hunter - Zaworski,俄勒冈州立大学土木与建筑工程学院副教授(美国俄勒冈州,科瓦利斯)

Lorne Mackenzie,西捷航空公司事务部总监(阿尔伯塔省,卡尔加里)

Lynn McDonald,加拿大国家老年护理倡议(NICE)科学主任,多伦多大学社会工作学院教授(安大略省,多伦多)

David Metz,伦敦大学学院交通研究中心名誉教授(英国伦敦)

Alex Mihailidis,多伦多大学职业科学与职业治疗系教授,AGE - WELL NCE 有限公司科学总监(安大略省,多伦多)

Parminder Raina,麦克马斯特大学老龄化研究所科学主任,健康研究方法、证据和影响系教授,加拿大老年科学研究所主任(一级),雷蒙德和玛格丽特拉巴格最优老龄化研究和知识应用室主任(安大略省,汉密尔顿)

Marian L. Robson,全球公共事务高级助理(英属哥伦比亚省,温哥华)

S. C. (Chan) **Wirasinghe**,加拿大工程学院会员,卡尔加里大学土木工程系教授(阿尔伯塔省,卡尔加里)

加拿大学院理事会(CCA)还感谢范霍恩研究所高级研究员、外科硕士兼王室法律顾问 Brian Flemming 对本评估报告做出的重要贡献。

在研究过程中,专家组向许多个人和组织寻求帮助,他们提供了大量宝贵的信息以供参考。特别鸣谢以下个人及单位的大力协助:加拿大运输署的 Susan Clarke 和 J. Glendenning,温尼伯大学的 Gina Sylvestre,加拿大残疾人交通委员会以及加拿大老龄化纵向研究中心。

主席致辞

交通出行是加拿大民众日常生活的重要组成部分。包容性交通运输体系的好处是不受背景、年龄或能力限制，每个人都能享受无缝出行，其社会意义重大且影响广泛。这样的交通运输体系将促进社会公平性和包容性，提升个人福利，并随着出行人数增多而产生新的经济机会。

老年人群是加拿大社会的重要组成部分，但是目前的交通运输体系并不能满足老年人多样化的交通出行需求。老年人也是加拿大增长最快的年龄群体，预计到2036年，将占到加拿大总人口的近1/4。因此，对与之相适应交通运输体系的需求也日益增加。只有满足了老年人的多元化出行需求，交通运输体系才能更好地服务于每一个人。

编制本报告的初衷是，我们充分认识到改善加拿大交通运输体系以满足老龄人口需求的重要性。不同于以往专注于残疾人的研究报告，本报告研究了随着年龄增长而变化的交通需求，包括非残疾老年人。专家组全面研究了如何利用技术和创新来支持这一目标的实现。尽管这个时机具有偶然性，但仍应说是恰逢其时，目前人口正在迅速老龄化，加拿大的交通运输和无障碍设施也正在进行改革，全国各地都在开展交通基础设施建设投资。专家组成员的研究从多个学科背景中运用多方面专业知识，包括工程学、老年病学、老年医学、交通政策、工业和创新技术。尽管每个成员观点各不相同，但是专家组求同存异，共同制订出了一份报告，总结观点并确定改革的行动方案。

在此，我个人衷心感谢专家组全体成员的辛苦工作和对本项目做出的贡献。在评估过程中，大家对不同的观点进行了充分的研究讨论，最终形成了这份高质量的报告。我谨代表专家组向报告审核人员表示感谢，是他们深思熟虑的建议使报告得到不断完善；同时，向加拿大学院理事会（CCA）的工作人员表示感谢，感谢他们在整个评估过程中付出的努力工作。最后，感谢那些向专家组提出意见建议的人。

Neena Chappell，外科硕士，加拿大皇家学会会员，
加拿大健康科学院院士、主席
老龄人口交通需求研究专家组

主任兼会长致辞

老年人是加拿大人口增长最快的群体,随着这一群体数量的持续增长,对包容性交通运输体系的需求也在增长。现在正是审视加拿大如何建立这一体系的大好时机,因为加拿大人口正在迅速老龄化,每天都有更多的人加入老年人行列。目前交通运输和无障碍设施方面发生的变化,已是一个非常好的开端。一个能够允许所有加拿大人无缝出行的包容性交通运输体系,无论是从提高个人福利还是促进社会公平性和包容性的角度来看,都有许多潜在的好处。

为更好地了解创新和技术在改善加拿大交通运输体系满足老龄化人口需求方面所起的作用,加拿大交通部指定加拿大学院理事会(CCA)开展一项重要的研究课题。我们组建了一支由 13 名专家组成的多学科专家小组。专家小组成员有着广泛的专业背景和相关经验,并在老年病学、老年医学、创新技术、交通工程以及交通运营等领域发挥着带头作用。在依据研究结果形成的《加拿大老龄化出行》报告中,指出改善加拿大交通运输体系以满足老龄化人口需求的重要性,并对改进包容性和一体化的机制进行了探讨。仔细阅读本报告,我们会了解到,在加拿大这个地域辽阔、各地相互联系日益紧密的国家里,因老龄人口不断增长而产生的新需求正日益得到重视。

在此,我要衷心感谢外科硕士、加拿大皇家学会会员、加拿大健康科学院院士 Neena L. 博士和其他专家组成员为完成本项目研究所做的努力。董事会及其科学咨询委员会和加拿大学院理事会(CCA)的 3 个创始成员学会(加拿大皇家科学院、加拿大工程院和加拿大健康科学院),在整个研究过程中都提供了关键性指导和贡献。

最后,我还要感谢科学部部长 Kirsty Duncan 女士,她代表加拿大交通部部长 Marc Garneau 先生将本项目研究委托给加拿大学院理事会(CCA)。

Eric M. Meslin 博士(加拿大健康科学院院士)
加拿大学院理事会(CCA)主任兼会长

加拿大学院理事会(CCA)项目人员

评估小组：

Emmanuel Mongin,项目主任
Rebecca Chapman,研究助理
Anita Melnyk,研究助理
Maria Giammarco,实习生
Madison Downe,项目协调员
Weronika Zych,项目协调员

协助人员如下：

Andrew Taylor,加拿大学院理事会(CCA)项目主任
Jennifer Bassett,加拿大国家理事会研究助理
Aaron Maxwell,加拿大学院理事会(CCA)实习生
Marc Dufresene,加拿大学院理事会(CCA)报告设计

以及：

Jody Cooper,编辑顾问
François Abraham、Communications Leon,注册翻译(英—法)
Amy Hwang,顾问

报告评审

本报告在初稿阶段由下列人员进行评审。鉴于他们自身多元化的观点、多样性的专业领域，以及广泛代表的学术、行业、政策和非政府组织，而被加拿大学院理事会(CCA)挑选为报告评审人员。

评审人员评估了报告的客观性和整体质量。专家组对他们提交的反馈意见(目前仍保密)进行充分考虑，并将其中许多建议纳入报告之中。评审人员不要求必须认同报告中的结论，也未看到报告正式发布前的最终稿。编写专家组和加拿大学院理事会(CCA)对本报告的最终内容完全负责。

加拿大学院理事会(CCA)感谢以下评审人员对本报告的贡献：

Paul Côté，蒙特利尔地区大都会交通管理局局长(魁北克省，蒙特利尔)

Phillip Davies，戴维斯运输咨询公司负责人(不列颠哥伦比亚省，温哥华)

Jacques Drouin，庞巴迪运输公司平台管理战略总监(魁北克省，圣布鲁诺德蒙塔维尔)

Ann Frye，Ann Frye 有限公司董事(英国，萨默塞特)

David B. Hogan，卡尔加里大学布兰达斯特拉福德老龄中心教授兼学术负责人(阿尔伯塔省，卡尔加里)

Teresa Liu – Ambrose，加拿大英属哥伦比亚大学教授、研究会主席(不列颠哥伦比亚省，温哥华)

Anne Martin – Matthews，加拿大健康科学院院士，不列颠哥伦比亚大学社会学系教授(不列颠哥伦比亚省，温哥华)

Mark Rosenberg，加拿大皇后大学发展研究方向研究主席(一级)、教授(安大略省，金斯顿)

Jutta Treviranus，奥卡德大学包容性设计研究中心主任(安大略省，多伦多)

该报告评审程序由以下人员代表加拿大学院理事会(CCA)和科学咨询委员会进行管理。主管人员：加拿大健康科学院院士 Eliot A. Philipson，多伦多大学荣退医学教授 John 和 Eaton，加拿大创新基金会前总裁兼首席执行官。同行评审监督的作用是确保专家组充分、公平地考虑评审员提交的报告。只有在同行评审监督员确认加拿大学院理事会(CCA)的研究报告通过评审后，加拿大学院理事会(CCA)才会授权公开发布专家组报告。加拿大学院理事会(CCA)感谢 Phillipson 博士作为同行评审监督员的辛勤贡献。

执行摘要

老年人构成了加拿大一个庞大而重要的群体。目前,加拿大有 1/6 的人在 65 岁及以上,其人口增长率高于任何其他年龄群体。老年人是一个多元化的群体,其独特的交通需求和偏好是目前加拿大交通运输体系无法满足的。改善交通运输体系以适应老龄化人口需求,这对于所有出行者和旅游业本身都是有利的。

一个包容性的交通运输体系,应当能够实现在出行过程中地点和交通方式(例如,从家到小汽车、火车、飞机再到酒店)之间的无缝衔接。这样所有人无论背景、年龄或个人能力,都可以轻松实现出行计划。包容性体系还可以通过提供通用的无障碍交通出行和提高个人福利来支持社会公平。此外,由于促使更多的人便利出行,也能够创造更多的经济机会。随着加拿大老年人占比的持续增长,对包容性交通运输体系的需求也会同步加大。加拿大目前已对基础设施加大投资,交通运输和无障碍设施也会随之改善,现在建立包容性交通运输体系恰逢其时。

认识到这一契机,交通部部长代表加拿大交通部(项目资助方),要求加拿大学院理事会(CCA)就如何运用技术和创新改善加拿大联邦交通运输体系中老年人无障碍出行问题,提供一个基于实证且具备权威性的论证评估。具体而言,这一项目研究了以下问题(任务):

依据议会确定的立法权,技术和创新,如何帮助加拿大交通运输体系适应人口老龄化的需求?

在管理和改善加拿大交通运输体系的无障碍出行环境方面,联邦政府发挥着核心作用。尽管航空、铁路、城际客运和一些轮渡的运营和资金,是与地方政府、非营利组织和行业部门合作管理,但仍属于联邦政府的治理管辖范围。鉴于加拿大交通部在制定交通发展方针和加强交通管理方面的关键作用,现在提出这一研究问题意义重大,有利于推动建立一个遍及加拿大的具有包容性和老龄友好型的交通运输体系。

为完成这一研究课题,加拿大学院理事会(CCA)召集了来自加拿大国内外的 13 名专家,组成一个多学科研究专家组。专家组成员具有多学科的专业知识背景,包括交通工程学、老年病学、老年医学、交通政策和创新技术。在一年时间里,专家组召开了 5 次会议,对正在开展的重要问题进行讨论完善。本报告是一份基于专家组广泛的专业知识和以实证为基础的共识文件。

专家组的研究方法

专家组从一开始就达成了指导研究工作的3个基本共识。第一,专家组强调:老龄化是一个正常的过程,包括了各种能够影响老年人出行需求和偏好的生理、心理、认知和社会方面的变化。因此,专家组将评估范围扩大到与物理无障碍设施有关的问题之外,尽管物理无障碍设施仍然很重要。此外,包括健康和福利、社会互动和参与、独立性、安全和保障性以及尊重等问题,也是老年人交通出行的关键考虑因素。

第二,尽管专家组的研究主要集中在联邦政府管辖下的交通运输体系,但他们还是使用了"门到门"交通出行的概念(其中必然包括省级和市级管辖的范围),这也得到了加拿大交通部的支持。该术语强调了考虑出行所有阶段的重要性:在家里规划行程,以家为出发点,从家乘坐交通工具到车站和机场等交通场站,并最终抵达其规划的目的地。如果使用不同的交通工具,比如小汽车、公共汽车、火车、飞机或渡轮,那么一个完整的"门到门"出行就是"多式联运"。"门到门"的观点要求全面审视加拿大交通运输发展,考虑加拿大整体的交通运输体系。重要的是,在一个完整的出行过程中涉及一系列因素,包括各层级政府(联邦、省、地区和市)和交通运输行业部门。

第三,基于现有解决方案和创新加以优化,从而使老年人使用交通运输体系所面临的障碍最小化。技术以外的创新和实践,还包括更新服务模式、培训和教育从业人员、调整安全和安保程序以及完善人机交互界面等。非技术创新和实践比起物理无障碍设施之外的因素更为重要,例如确保老年出行者感到舒适、有价值并受到尊重等。专家组在研究中充分认识到,最好的解决办法可能不是新出现的或华而不实的方案,而是一个简单的、目前已有的方案,如果能得到很好的优化和执行,将对无障碍出行产生重大影响。

加拿大老年人的交通需求

不同背景下的老年人群,其衰老方式也不尽相同。本报告中"老年人"一词,是指一个年龄跨度较大的群体(65岁以上)。随着年龄的增长,从65岁到75岁再到85岁,老年人的身体、感官和认知能力以及其所处的社会环境,往往会发生显著变化,这些都会对出行产生一定影响。再有,老年人群体的特征也并非一成不变,今天的交通需求和偏好在25年后可能会有所不同(例如:文化价值和出行偏好或将发生变化)。因此,65岁及以上的老年人不能由任何一套特征来定义。由于他们具有不同的能力、兴趣和生活环境,交通需求也截然不同。尽管现在加拿大65

岁以上的老年人比以前更健康、活跃和富有，但许多人仍然靠微薄的收入生活，拥有的各类资源也极其有限。专家组还指出，加拿大的地理位置和低人口密度，对生活在农村和偏远地区的老年人也造成了特定的交通出行障碍。

老年人和其他年龄段的人一样，也会介入各类交通出行活动，包括日常出行（例如购买食品杂货、医疗就诊、去银行和社交拜访）以及长距离出行（例如度假、探亲等）。这两种出行活动都很重要。值得注意的是，探亲访友等消遣性（即非必要）出行，可以减少孤独感，改善老年人的健康状况，加强社会参与，并提升生活质量。

包容性交通运输体系的益处

老年出行人数的增长为交通和旅游业带来巨大的经济机遇。只有确保交通运输体系面向所有出行者，方便所有人使用，才能使更多老年人便利出行。从很多方面来看，老年人是交通业和旅游业的主要消费群体。研究表明，老年人比其他年龄段的人旅行次数更多，在旅途中花的钱也更多。退休人员进行长途旅行可能更为频繁，他们可以避开高峰时间出行。老年人也往往与家庭成员一起外出旅行（例如与子女和孙子孙女同行）。除了经济和个人层面的效益外，包容性的交通运输体系还有许多社会效益，包括促进社会公平，以及在加拿大实现人人享有社会保障。

老年人在交通运输体系中面临的障碍以及克服这些障碍的方法

老年人在出行中的任何阶段都可能面临障碍，包括：计划行程安排、从家到车站、从车站到交通车辆、乘坐交通车辆、在车辆之间换乘，直至抵达计划的目的地。出行障碍可能只存在于出行过程中的某一阶段，也可能贯穿出行过程始终，比如查找最合适的路线就是一大挑战。出行障碍可能源于一系列因素：身体能力和对技术使用的偏好、听力和视力下降、疲劳和压力，或者不同交通方式之间缺乏衔接（包括网络衔接性）。其中许多出行障碍是所有人都面临的问题，但可能对老年出行者影响更大。年龄歧视是一种尤其针对老年人的交通出行障碍，因为与年龄有关的陈旧观念往往不受质疑，且很难改变。年龄歧视会导致老年人被认为能力较差或受到消极对待。虽然交通运输体系存在的出行障碍非常大，但专家组还是研究提出了一些措施方法，有利于尽可能减少出行障碍，其中包括出行服务、沟通交流、基础设施和技术等方面的措施。

付诸行动

尽管目前已有很多经验借鉴，可以帮助减少老年人面临的一些出行障碍，但是将这些经验做法综合应用于加拿大交通运输体系并非一定有效。

因此,专家组没有研究个别的措施方法,而是提出了一个更宽泛的长效机制,从而使加拿大交通运输体系更具包容性。专家组通过总结交通运输和其他相关行业的经验做法,研究确定了实现这一目标的3条路径:

- 加强人力和社会资源建设;
- 促进技术和基础设施建设;
- 完善政策体系。

这些路径能很好支持利用现有措施,解决加拿大老年人面临的各种出行障碍;创造新的手段措施,也要更大程度地发挥现有措施的作用;建立一种不断改进、不断适应的行业文化,才能更好满足所有出行者的需求。

如上所述,跨部门和跨学科的研发创新,是每条路径的重要组成部分。研发创新不仅包括开发新技术和其他创新活动,还需要在现实中检验和落实,并在实践中评估解决方案。围绕政策进行的研发创新也有助于在加拿大社会经济的背景下,制定和采纳相关政策。充分考虑使用者体验的研发创新(例如以用户为中心的方法),支持技术、基础设施、培训和教育服务的设计创新,都为了最大程度地减少目前老年人面临的出行困难。在进行研发创新的同时,还应对包括老年人在内的利益相关群体持续开展影响评估,这将确保交通运输体系能够不断发展和改进,以满足日后不断增长、变化的需求和偏好。

加强人力和社会资源建设

在出行过程中,人与人之间的交流互动对于所有出行者而言都很重要,对老年人来讲更是如此。能够满足出行者需求的良好的客户服务,必须支持自主出行和独立出行。在全行业范围内提供有针对性的、强制性的多元化培训,同时监测培训效果。这种做法可以向老年出行者提供包容性服务和协助。此外,向出行者宣传目前提供哪些出行帮助服务,确保人们了解并能够使用出行支持服务,可以改善出行体验(例如与健康、可达性相关的服务)。此类宣传教育在出行规划阶段显得尤为重要,可以使出行者对旅行更有自信心。

促进技术和基础设施建设

专家组研究发现,很多出行障碍都与交通基础设施的设计相关。坚持采用包容性设计原则,充分考虑人们在年龄和能力等方面的多样性,有助于确保所建设的环境更适合包括老年人在内的所有人群。重要的是,包容性设计支持从全局考虑问题,关注的是整个基础设施的适配性,而不是个别组成部分的适配性。如果从设计之初就采用包容性设计原则,可以避免日后再进行改造,以及为那些有不同需求的群体再建立单独的体系。当然,包容性设计原则也适用于对现有基础设施进行改造。

技术也在向交通基础设施建设打开新的机遇之门。无论是在车站、机场,还是在交通运输车辆上,新的创新产品正在为出行者提供更好的体验。在研发和应用数字技术时,必须考虑老年出行者的需求和偏好。尽管某些技术发展不需要交通运输体系使用者介入(例如通过优化起飞时间表减少航班延误),还有一些技术的应用很可能要求出行者持有智能手机或平板电脑,并具有不限流量的网络连接能力。为了照顾那些不使用高科技手段的出行人群偏好,未来任何时候,技术创新都不应成为使用交通运输体系的先决条件(例如在线订票)。

完善政策体系

政策支持有助于加拿大建立包容性交通运输体系,从而满足老年人的出行需求。目前正是联邦政府完善政策的理想时机,联邦政府正在制定加拿大交通运输长期发展规划,其中也包括重新审视当前的交通运输管理工作。作为该规划前期的有机组成部分,政府可以考虑如何改革将有助于加拿大交通运输体系更好地满足老年人的需求。专家组重点分析了联邦政府对交通运输管理的一个重要文件:《加拿大交通运输法规评论》(以下简称为《评论》)。《评论》就关于改善交通运输体系无障碍设施问题提出了几点建议。尽管目前《评论》提出的规范建议仍然处于公众评议中,但根据其成员的集体意见,专家组提出以下建议:

- 把联邦无障碍设施自愿实施标准从规范性文件上升为监管法规,或将有助于建立一个更具包容性的交通运输体系。
- 要求加拿大运输署每3年发布一次设施无障碍设施状况报告,从而确保最佳实践、符合率,以及收到的投诉数量等无障碍设施要素的公开透明。
- 应认真研究其他的无障碍设施建议,并考虑对老年出行者的潜在影响。

目前正在进行的其他相关活动,还有加拿大运输署的运营管理现代化以及无障碍设施法律的制定。这项新的立法强调了对老年人出行需求的满足。

在通过管理改革建立包容性交通运输体系方面,联邦政府特别是加拿大交通部应当发挥核心作用。而让联邦政府以外的利益相关方参与管理过程,也可能会形成更有效的交通政策。例如在改善联邦交通运输体系的无障碍性方面,交通运输行业及加拿大皇家公司(Crown corporations）发挥着重要作用，因为私营企业是该体系许多关键组成部分的所有者和运营商（例如航空公司）。企业通常制定、实施一些旨在满足（有时是超前满足的）无障碍的规则、法规和行为标准的变革。其他利益相关者还包括非营利组织及代表相关团体的非政府组织，以及省、地区和市级政府。为了确保考虑到老年人的需求和偏好，邀请老年群体也作为交通利益相关方参与进来，具有特别重要的意义。采用跨部门、相互协作的有效方式来制定法规意义重大，可在起草过程中将许多利益相关者的观点和专业知识结合起来。利益相关方参与的过程，通常非常注重在彼此之间建立相互信任和尊重，即使没有达成共识，讨论内容仍然可以为出台正式的法规条例提供参考帮助。

联邦政府拥有的一个强有力的重要抓手，就是为交通基础设施建设和其他计划提供资金。因此，联邦政府可以把基础设施建设和其他投资与支持包容性的多式联运项目挂钩，鼓励发展老龄友好型交通运输体系。资助要求不必局限于无障碍设施，而应同时可以支持更广泛的具有包容性的交通运输体系。例如政府可以建设和完善支持多式联运的交通枢纽，还可以利用政府采购推进新技术或其他创新的发展，进而促进交通运输体系的包容性。

结论

通过调整完善加拿大交通运输体系，以满足老年出行者的需求，有助于支持多式联运的"门到门"无缝衔接出行，这可以使加拿大的所有人获益。这些收益包括提高社会公平性并带来更多经济效益，促使更多的人可以出行便利，并从国外到加拿大来旅游。一个包容性的体系应建立在与诸多利益相关者合作的基础上，包括各级政府、交通运输行业以及老年人群体。了解加拿大不断增长的老年人群体的出行需求和偏好，不仅对于实现这一目标意义重大，而且对于建立一个能够随时间推移仍能不断适应这些需求和偏好的交通运输体系来说，也同样意义重大。对于加拿大而言，现在是付诸行动、努力建设一个具有充分包容性的交通运输体系的大好时机。联邦政府正在采取措施，完善加拿大的交通基础设施，同时也在评估交通运输和无障碍管理工作。建立一个最大程度减少老年人出行障碍的交通运输体系的需求将会越来越强烈。为了实现效益最大化，我们应该现在就开始行动。

目录

第一章

引言和背景

- 专家组的责任
- 报告定位
- 专家组关于老龄化和交通出行的观点
- 研究方法
- 报告结构

第一章 引言和背景

使加拿大交通运输体系适应人口老龄化发展，会为所有出行者带来更多益处。一个能够满足老年人复杂多样需求的交通运输体系一定更具包容性，同样也会有助于其他多样化的群体。一个包容性的交通运输体系允许所有出行方式之间无缝衔接（例如从家坐小汽车、火车、飞机再到酒店），可以使所有人（无论背景、年龄或能力）都可以轻松便捷地从出发地到达目的地（“门到门”出行）。随着加拿大老年人占比的持续增长，对包容性交通运输体系的需求也在持续上升。到2036年，加拿大老年人口的比例预计将从近1/6上升到近1/4（Statcan, 2015c, 2015e, 2016c）。

一个包容性的交通运输体系，能够通过提供平等的交通出行机会来促进社会公平，同时也因更多的人有机会出行并提升福利，而创造经济效益。现在就是建立这样一个交通体系的理想时机。目前加拿大人口正在迅速老龄化，技术正在改变人们的出行方式。联邦政府正在全国各地开展交通基础设施建设投资，并对交通运输无障碍设施管理模式进行调研。实现包容性交通运输体系需要联邦政府相关部门、其他各级政府、交通行业和利益相关者群体（包括老年出行者等）之间的相互合作。鉴于加拿大交通部在管理交通运输体系方面的重要作用，加拿大交通部应当成为实现这一愿景的领导者，即在加拿大全国建立一个包容性、关爱老人的交通运输体系。

第一节 专家组的责任

认识到确保加拿大交通运输体系满足老年人需求的重要性，交通部部长代表加拿大交通部（项目资助方），要求加拿大学院理事会（CCA）就技术和创新如何改善加拿大联邦交通运输体系的无障碍设施问题，提供一个有实证依据权威的论证评估。具体而言，这一评估研究了以下关键问题及其子问题：

- 依据议会确定的立法权，技术和创新，如何帮助加拿大交通运输体系适应人口老龄化的需求?

- 在未来25年,人口老龄化将对加拿大交通运输体系的经济效益、扮演的社会角色以及规划设计等方面产生哪些影响?关于日益老龄化的公众出行安全保障、多式联运、服务标准和设施设备设计等方面,目前正在开展哪些研究工作,存在哪些认知差距?
- 有哪些适应人口老龄化发展的国际趋势和最佳实践,包括在衡量绩效方面有哪些发展趋势和最佳实践?
- 为了适应规模日益庞大的老年出行者而开发出新技术和创新解决方案,例如设备、通信设施、商业实践、流程改造和教育培训等,是否有相关实例或案例研究?

为完成这一研究课题,加拿大学院理事会(CCA)召集了来自加拿大国内外的13名专家,组成一个多学科研究专家组。专家组成员拥有多个学科的专业知识背景,包括交通工程学、老年病学、老年医学、交通政策和创新技术。专家组中的每个成员都涉猎广泛,而非一个学科、赞助商、机构组织、地区或特定价值观的代表。

在大约1年时间里,专家组召开了5次会议,对正在开展的关键问题评估进行了讨论完善。在评估过程启动之初,为了充分了解相关要求并获得进一步指导,专家组与项目资助方——加拿大交通部进行了会面。在这次会议上,专家组与项目资助方明确:尽管问题集中在联邦交通运输体系内,即与航空、铁路、城际客运和某些轮渡有关的交通运输,但是采取“门到门”(door-through-door)的方法进行评估十分重要。专家组更喜欢包容性的“门到门”这一术语,因为其强调了建立系统的重要性,人们在家里制定出行计划,舒适地从家里出发到达机场航站楼或车站等交通场所,最后抵达既定目的地完成出行。这与“门对门”(door-to-door)的概念有所差别,“门对门”并不关注在家或目的地发生的问题。此外,一次完整的门到门出行,可能是采用不同交通方式或交通工具、多个行程的“多式联运”出行。加拿大交通部也认为,采用“门到门”的方法是适当的,又另外提出了5个问题,从而进一步明确研究报告中应讨论的内容。这些问题并非取代上述要求,而是为我们研究探讨的关键领域提供指导。这些辅助性问题包括:

- 加拿大交通部如何支持一体化、“门到门”①无缝衔接的交通运输

---

① 加拿大交通部使用术语“路边到路边”(curb - to - curb)一词,但是同意专家组使用的“门到门”(door - through - door)定义和方法。”

网络体系建设?

- 有哪些生理的、环境的以及经济和社会方面的障碍,限制了老年人使用加拿大的交通运输体系?
- 随着年龄增长,人们是否会改变与交通运输体系的互动方式?这对人们选择交通出行方式有什么影响?
- 新技术对老年人的交通出行体验有哪些积极和消极的影响?
- 有哪些具体的国际和国内创新经验可以适用于加拿大的交通运输体系,这些将对老年人产生什么影响?

在本报告中,专家组使用加拿大交通运输体系(Canadian transportation system)一词,来涵盖出行过程中可能遇到的所有交通方式。尽管加拿大交通部同意,专家组应重点评估联邦政府管辖的交通方式,但也表示要考虑从出门到抵达目的地的整个出行过程。事实上,往往需要使用省、地区或城市管辖的交通出行方式,来衔接联邦交通运输体系,因此加拿大交通部同意使用"门到门""多式联运"方法非常重要。

《加拿大交通运输法》(Canada Transportation Act)概述了联邦政府在管理加拿大交通运输方面的职责。根据该法案,联邦政府对航空、铁路、城际客运以及跨省(或国际)轮渡负有管理责任(GC,2015c)。《加拿大交通运输法》声明如下:

> 一个具有竞争力、经济和高效的国家交通运输体系,应满足最高等级且可操作的安全和安保标准,有助于实现环境可持续发展,并以最低的总成本充分利用各种交通运输方式,从而满足用户需求,提升加拿大人的福利,并促进加拿大城乡竞争力和经济增长。
>
> (GC,2015c)

声明进一步阐明,在同时满足几个标准时,最有可能实现这一目标,包括"无障碍的交通运输体系,应当对于所有人出行都不存在障碍,包括残疾人士"(GC,2015c)。重要的是,声明里特别提到了加拿大的城市和农村地区。随着加拿大人口老龄化,越来越多的老年人需要使用交通运输体系。因此很明显,联邦政府有责任确保交通运输体系能够满足加拿大不断增长的老龄人口出行需求。该法案并未规定与无障碍性相关的具体标准和保护措施,但授权加拿大运输署制定法规,以消除交通运输体系中不必要的障碍(GC,2015c)。

专家组与加拿大交通部确认:其研究应聚焦于确保所有人在年老时都能便捷地使用交通运输体系,因为《加拿大人权法》(Canadian Human

Rights Act)明确禁止年龄歧视(GC,2014)。衰老是一个自然的过程,其包括各种生理、认知、感觉和社会行为的变化。而在现实中,对于衰老往往存在不公平的负面描述。

> 研究结果还表明,对待人类老龄过程的描述比以往更加乐观。现在越来越多的人努力将"还自然"衰老与疾病或病理学区分开来。很明显,衰老并非生病或疾病的同义词。诚然,某些组织器官的衰老往往使个体更容易患病,但是没有任何疾病是随年龄增长而不可避免的。
>
> (Saxon *et al.*, 2014)

在研究评估中,专家组聚焦的重点不是具体的年龄或残疾状况,而是一般的老年人群体。老年人有着广泛的出行需求和偏好,与各自的身体、感官和认知能力、社会背景、收入以及所在地区有关。老年人群包括那些没有任何残疾的老年人、因衰老而逐步致残的老年人,以及有残疾的老年人。专家组选择采用世界卫生组织对残疾的定义,该定义强调"残疾并不仅仅是一个健康问题,而是一个复杂现象,反映了一个人的身体特征与他/她所生活的社会特征之间的相互作用"(WHO, 2017c)(参见词汇表中的完整定义)。

第二节 报告定位

尽管目前已有若干关于交通无障碍性的研究报告,但本评估旨在填补此类文献中的重要空白。那些关于改善行动受限者的无障碍性问题的报告(UNDP, 2010; GC, 2015b),往往侧重于物理无障碍性。这一点也在近期《加拿大交通运输法案综述》(Canada Transportation Act Review,以下简称为《综述》)中进行了讨论,并对于联邦交通运输体系的无障碍设施管理提出了有针对性的建议(GC, 2015b)。很少有报告阐明老年人面临的更广泛的社会和文化问题,或其他类型的出行障碍和促进因素,比如对乘客的尊重、鼓励独立性和社会参与、解决偏好和恐惧问题等。其他一些研究报告强调了考虑老年出行者偏好和能力范围的重要性,但这些分析侧重于驾驶,并对行人需求进行了一些讨论,对联邦交通运输方式(如航空、铁路、城际客运和轮渡)的探讨则较少(OECD, 2001; TRB, 2004)。

对私家车的关注并不奇怪,这是加拿大老年人最常用的交通工具,也是他们保持独立性、享有福利和实现社会参与的重要因素。然而,这也会导致老年人对其他交通方式的认识不足。此外,关注重点往往是基本出行,比如去购物或者去看病。虽然基本出行很重要,但是确保老年人有能力享受休闲出行同样重要——他们应该拥有和其他人一样的能力去度假或拜访亲朋好友。专家组希望通过明确研究长途出行所使用的方式(例如城际客运、飞机、火车),确保老年人的所有交通需求和偏好都被考虑在内。无论是基本出行还是休闲出行,对于加拿大交通运输体系的无可达性需求都是相同的,因此本报告并没有做出区分。

尽管在加拿大交通部提出的要求中涉及技术和创新,但专家组已经确认技术只是改善交通运输体系的一种手段。其他一些新的手段也能够提高包容性和可达性,包括完善人机交互界面、更新服务模式、培训和教育从业人员以及调整安保和安全程序。这些措施对于物理无障碍之外的因素尤其重要,例如确保老年出行者感到舒适、安全、有价值并受到尊重。在许多情况下,最好的解决办法可能不是新出现的或华而不实的方案,而是经过优化的当前已有方案,如果能得到很好的执行,将对无障碍出行产生重大影响。因此,专家组与加拿大交通部确认,对于新出现的和已有的手段措施均应考虑在内。

考虑到加拿大独特的地理环境、广阔疆域、低人口密度和交通运输管辖区划分,对加拿大进行针对性的评估显得非常重要。本报告还分析了加拿大老年人在交通需求方面的认知差距。

第三节　专家组关于老龄化和交通出行的观点

与其他年龄组相比,老年人是一个需求差异化明显的群体,其具有不同的经济和语言特征、出行偏好以及身体、感官、认知和社会能力。老年人的交通需求往往并不等同于残疾人的交通需求(这也是一个多元化群体)。一些老年出行者的确有残疾,但大多数人并没有残疾,而且他们往往具有一些与年龄有关的其他特征,从而影响其交通需求和偏好。物理无障碍性只是老年人出行需求相关挑战的一个方面。例如,非无缝衔接的出行可能会导致高度压力和疲劳,这会在很大程度上影响到认知和感官能力有限的老年人。其他因素和特征也应予以考虑,包括健康和福利、社会互动和参与、独立、安全和保障,以及尊重等。

在研究过程中,专家组认为:那些自然变老的人应该是平等的社会成员,应该能够与其他人一样使用交通运输体系,而不是作为一个需要特殊照顾的特殊利益群体。专家组试图避免年龄歧视。“根据老年人的实际年龄或对老年人的认知,年龄歧视被定义为,对老年人的消极(或积极)的刻板印象、偏见和/或歧视(或对老年人有利)。年龄歧视可以是隐性(或显性)的,可以在微观(个体)、中观(群体)或宏观(国家)层面上表现出来”(Iversen *et al.*, 2009)。这一定义表明,年龄歧视包括刻板印象、偏见态度和歧视。两种年龄歧视(正面和负面)都是具有歧视性的。负面年龄歧视,例如:作出错误的假定,认为老年人往往是计算机文盲;正面年龄歧视,例如:认为大多数老年人富有、极少数老年人生活贫困。年龄歧视的道德和社会成本,包括道德败坏、自尊丧失、消极无为和身心衰退导致的个人成本增加(Palmore, 1999)。忽视那些被迫退休或被社会排除在外的老年人的生产力和创造力,也会带来经济成本增加。当忽视老年人的智慧、文化资源和对社会的贡献时,社会和文化成本也将随之增加。

第四节 研究方法

专家组的评估论证不包括对文献的综述,而是根据研究需要,对多种参考资料进行收集和整理。通过专家组的评估论证,以及收集整理的一系列资料,最终完成了本报告。参考资料来源包括:

- 来自同行评议出版物的学术文献,内容涉及老龄化、老年人出行需求和偏好,以及改善交通运输体系无障碍的方法(包括可能的实践举措);
- 公开的政府信息和统计数据;
- 讨论交通出行障碍和解决措施的媒体文章;
- 其他与交通出行、老年人以及改善交通无障碍性有关的灰色文献①。

专家组通过一个反复迭代的过程确定了参考资料(该方法在加拿大学院理事会(CCA)以前开展的多项评估中也曾用到),指导加拿大学院理事会(CCA)的工作人员进行关键文献检索,并对已发表文献开展基于关键词的检索。如果研究结论没有引用足够的参考文献,专家组的专业意见将被用作参考资料。

专家组没有列出与老年人出行需求相关的全部现有解决方案,而是依

---

① 灰色文献(grey literature)是指由政府、学术界、行业及其他组织所产生的各种类型文献,这些文献不用于商业或正式出版。

据专家组成员的专业知识,来确定有充分参考资料支撑的措施。在采纳新的解决方案之前,专家组分析了必须考虑的一些重要因素以及采纳政策的重要性。如果急于采纳新解决方案,而不考虑其广泛的影响,很可能会给用户带来不可预见的问题。同样地,任何解决方案都应吸引其目标群体,无论是用户还是提供商。即便是最具创造性和有潜在帮助的技术(或其他)进步,如果没有人选择(或能够)使用它,那么这种进步都是徒劳的。例如一个旨在帮助人们在机场内导航的智能手机软件,对于那些不了解该软件、没有智能手机或不喜欢使用手机软件的人来说则是无益的。最好的解决方案,必须能够充分考虑到目标用户群体的偏好和能力。因此,专家组除了对工程和交通运输研究、加拿大老年人口统计学数据以及老龄化相关的生理、感官、认知和社会变化的资料做好综述外,还利用了社会科学的方法对老年人在技术和出行方面的偏好和能力进行了研究。

为了以一种有意义和简洁的方式表示老年出行群体的特征,专家组选择使用人物角色,重点分析与老年人出行有关的挑战和解决方案。人物角色是"对假想人物的详细描述。这些假想人物是基于对真实人物的深入理解和非常详尽的数据所构建的"(Pruitt&Adlin, 2010)。人物角色的创建基于使用数据和研究的一套方法论,根据统计数据创造假想人物,以支持产品设计(Pruitt&Adlin, 2010)。创造人物角色的目的不是代表100%的人群,而是为涵盖绝大多数用户群体的特征,在本报告中,则是指使用交通运输体系的老年人。第三章介绍了这些人物角色,以说明老年人在个人能力、出行需求和在旅途中可能遇到的出行障碍等方面的特点。这些人物角色在第四章中的情景假设中被再次描述,以说明各种创新和实践措施,如何在真实场景下对整个出行过程产生积极影响。在某些案例中,情景假设里所涉及的一些创新和实践,尚未在加拿大交通运输体系中得到普遍应用,但却说明了实施后可能产生有益的效果。情景假设中的所有实践措施,都将在第四章正文中进行讨论。专家组希望这些人物角色和理想化场景能够更清楚地表明,通过顺利实施这些解决方案,能够对老年人无障碍地使用加拿大交通运输体系产生积极影响。

尽管专家组也考虑到居住在偏远地区和加拿大北部的老年人、特别是土著人的特殊交通需求,但对这些地区交通出行的发展现状和复杂性问题的相关研究却很少,因此,我们无法对这些地区老年人的交通出行需求,做出充分而公平合理的分析。此外,专家组也认识到土著居民可能面临独特而重大的出行挑战,但由于目前缺乏数据,对此只能略作提及。为了促进土著老年人的出行,需要对这一领域加强研究。

为确保报告的质量和客观性,我们进行了正式的同行评议程序。尽管专家组仔细考虑了每项审查意见,但并非所有意见都在最终报告中被采纳。审查过程也提供了新的参考资料,充实了专家组的研究结论。此外,一项在线会员测试活动(样本量为53)以及由西捷航空开展并与专家组分享的调查结果(样本量为5265),支持专家组关于加拿大老年人在出行过程中遇到障碍的相关结论。

第五节 报告结构

报告分为2个部分。第一部分介绍了解决本研究核心问题所需的背景信息,包括有关加拿大交通运输管理的相关情况,重点是联邦政府的作用、无障碍性问题以及政府管理方式的转变(第二章)。本报告还包括对加拿大老龄人口的统计,以及通过建立包容性交通运输体系促进更多人出行,进而增加经济和社会效益(第三章)。第二部分,专家组研究了加拿大如何建立一个能够尽可能减少老年人出行障碍的交通运输体系。这部分包括对老年人"门到门"出行的讨论,分析了加拿大交通运输体系中存在的出行障碍,并提供有助于减少这些障碍的措施案例(第四章)。专家组还提供了3套加拿大交通运输体系的调整建议方案,以便更好地满足老龄人口需求的前瞻性思考路径(第五章)。最后一章总结了本报告的关键内容(第六章)。

第二章

加拿大交通运输管理

- 联邦政府在交通运输管理中的作用
- 省、地区和市政府在交通运输管理中的作用
- 行业合作伙伴在交通运营和无障碍管理方面的作用
- 结论

第二章 加拿大交通运输管理

主要结论

- 联邦政府在加拿大交通运输体系运行中起到核心作用。政府通过新的立法和监管改革，提高联邦管辖的所有交通方式的无障碍性。
- 一个满足老年人需求的包容性交通运输体系，包括“门到门”的全部出行过程。
- 联邦政府管辖全国范围内的交通运输方式包括：铁路、航空、城际客运和部分轮渡。因此，确保包容性交通运输体系涉及多个利益相关者之间的合作，包括交通运输服务提供商、运营商、各级政府以及出行者。

联邦、省、地区和市级政府共同负责监督管理加拿大的交通运输体系。联邦政府通常管理涉及跨越国家、省或区域边界的交通运输方式，包括航空、铁路、海运和城际客运。在过去几十年中，联邦政府一直在弱化其在交通行业的运营角色（第二章第一节），但仍保持其政策管理角色（Padova, 2005）。加拿大交通部（TC）及两个独立的政府机构——加拿大运输署（CTA）和加拿大交通安全委员会（TSB）承担制定和实施联邦交通法规、颁发运营证书、解决争议、维护安全和安保以及事故调查等方面的工作（TSB, 2016; CTA, 2017a）。此外，加拿大航空运输安全局（CATSA）负责对航空旅客和行李进行可靠和高效的安检（CATSA, n. d. -b）。就本报告而言，加拿大交通部和加拿大运输署的职能最为重要。

加拿大交通部负责制定法规，包括与可达性和安全相关的法规，并通过认证要求、审议、检查和监督活动来执行安全管理法规。例如，加拿大交通部制定了危险品运输和海上安保标准，检查飞机以确保其安全飞行，测试新车并调查潜在的车辆缺陷（TC, 2013）。加拿大运输署扮演两项主要职能：一项是作为正常监管机构的加拿大民用航空管理局，另外一项职能是作为准司法法庭,受理残疾旅客提出的与无障碍设施和航空旅客(包括但不限于残疾旅客)有关的投诉(CTA, 2016c)。在后一项职能中,加拿大运输署充当调解员,正式或非正式地执行争议解决。大多数投诉都是通过加拿大运输署的调解服务解决的。如果投诉人要求正式解决,加拿大运输署有权行使法院权力(CTA, 2016d)。作为加拿大交通部的二级部门,在必要时,加拿大运输署可就交通部制定的法规或政策提出修改建议(CTA, 2016e)。

第一节　联邦政府在交通运输管理中的作用

为了研究联邦政府如何促进加拿大交通运输体系对老年人更具包容性,以及联邦政府可以用来鼓励支持交通行业发展的手段措施,首先有必要了解其在交通运输监管中的权责和职能。本节概述了加拿大联邦政府对各类交通方式的监管模式,特别关注无障碍设施管理以及管理方式的相关变化。本节最后简要讨论了联邦政府在促进加拿大旅游业方面的作用。

一、联邦政府管辖下的交通运输方式

1. 航空

加拿大目前的航空运输体系是在逐步放松管制和私有化过程中形成的。自 1989 年加拿大航空公司(Air Canada)完全私有化以来(Oumet *et al*, 1991),联邦政府大幅弱化了自身在航空运输中的运营角色(Padova, 2005)。尽管联邦政府仍拥有和运营一些较小的机场(TC, 2010),但全国性的重要机场(即服务于省会城市和地区首府的机场,以及每年客运量超过 20 万人次的机场)均由私营机场管理机构来运营。加拿大有 26 座大型私营机场,构成其国家机场系统(NAS)(TC, 2010)。根据《国家机场政策》(National Airports Policy)(1994 年),联邦政府保留了国家机场系统拥有的机场土地和建筑物的所有权,当地非营利机场管理机构需要支付租金才能使用。国家机场系统负责运营机场航站楼,因此也是加拿大航空运输的重要合作伙伴。目前,联邦政府仍负责机场和航空公司的监管、安全和安保(Padova, 2005)。此外,还有一项与运营相关的职能是通过加拿大航空运输安全局提供旅客和行李安检服务。该部门是为应对 2001 年“911 事件”而成立的(CATSA, n.d.-b)。

虽然联邦政府已经缩减其经营职能,但其仍具有与航空运输相关的监管职能。例如加拿大运输署管理机场及航空公司的无障碍设施标准,并监督设施的合规性,以确保为残疾人清除不必要的障碍(CTA,

2016f)。这包括派遣执法人员定期巡查机场,并编制合规报告(CTA, 2015a)。加拿大运输署每年收到的大部分投诉,都与航空公司及航空出行有关(CTA, 2015c)。

2. 铁路

铁路在加拿大一直以来发挥着重要作用,为跨越加拿大广阔地域的货物和人员运输提供了一种快捷方式(CTA, 2015d)。加拿大铁路客运服务主要是由国营的加拿大 VIA 铁路公司(VIA Rail Canada)负责。与机场土地和基础设施的租赁方式不同,铁路公司通常拥有其运营所需的土地、基础设施和设备(Padova, 2005)。

加拿大交通部在加拿大铁路系统中的作用之一是安全监管(Padova, 2005),这是近年来联邦政府重点关注的一个领域。为实现这一目标,加拿大交通部已经采取了一系列行动。这些措施包括完善监管机制以提高平交道口的安全性,明确铁路公司的安全管理要求,以及鼓励合规的新机制(比如罚款)(TC, 2016d)。1996 年出台了关于航空的第一个无障碍法规,1998 年加拿大运输署发布了关于铁路客车无障碍的行业标准①(第二章第一节),其中包括向残疾乘客提供服务和设备的要求(CTA, 1998, 2015d)。加拿大运输署收到的关于铁路无障碍的投诉要比航空无障碍投诉少得多(CTA, 2015c),当然,在加拿大,选择航空出行的人数明显更多。

3. 海运

在与本报告相关性最强的两类客运船舶(渡轮和游轮)中,只有渡轮受到联邦无障碍法规约束。与飞机和铁路客车一样,已设有一项关于渡轮无障碍设施的行业标准,尽管其只适用于跨省、地区或国家边界的渡轮(CTA, 2014c)。同样,航站楼和车站的无障碍行业标准仅适用于轮渡、航空以及铁路枢纽和车站的运营商,并"鼓励其他航站楼和车站运营商遵照执行"(CTA, 2007)。加拿大运输署极少收到与海运无障碍问题相关的投诉(CTA, 2015c)。

4. 城际客运

城际客运的运营由加拿大交通部根据《机动车辆交通法》(Motor Vehicle Transport Act)来管理(GC, 2006)。在 20 世纪 90 年代中期,加拿大交通部和道路客运行业联合制定了《城际客运行业标准》(Intercity Bus Code of Practice)(TC, 2011; Greyhound, 2016b),这代表着"城际客运服务运营

① 行业准则(code of practice)是由一个或多个个人(行业团体)或利益相关者同意的自愿承诺。

商自愿承诺以安全和有尊严的方式为残疾人服务”(TC, 2016e)。与加拿大其他无障碍设施相关交通法规不同,该规则由加拿大交通部来管理(GC, 2015b)。加拿大运输署极少收到与城际客运无障碍问题相关的投诉(CTA, 2015c)。

二、交通运输体系无障碍管理

一般来说,由联邦政府管理的加拿大交通运输体系,都是由私营公司(如加拿大航空公司、加拿大灰狗公司)或国营企业(如 VIA 铁路公司)拥有并运营。联邦政府并不在航空、铁路、海运或城际客运的日常运营中发挥主导作用(Padova, 2005),但其通过法规或行业标准,规定无障碍设施的最低标准,确保交通运输体系的无障碍性(CTA, 2007)。本报告附录中包含了对加拿大、美国和欧盟之间无障碍设施标准的差异性和相似性的综述分析。

无障碍问题对加拿大人来说很重要。在加拿大对 1500 多名成年人进行的一项在线调查中,90% 的受访者认为“尽我们所能确保每个人都能充分融入社会”应优先考虑,同时 91% 的受访者认为无障碍是一项人权(Angus Reid Institute, 2015)。此外,51% 的受访者认为,有“巨大”或“很大”的空间来改善残疾人的交通出行状况,17% 的受访者认为无障碍是需要改进的两大重要领域之一(Angus Reid Institute, 2015)。虽然普遍认为加拿大的无障碍设施规章制度能够确保残疾人无障碍出行,但事实上大多数标准规范能够使所有年龄段的人都受益,比如使标志标牌清晰易读、方便定位。

《加拿大人权法》(Canadian Human Rights Act)明确禁止对残疾人的歧视(GC, 2014)。此外,联邦交通运输体系的无障碍性也受到许多政府法规和条例的保护。其中一些是根据法案规定权限制定的具有法律约束力的无障碍交通法规,由议会立法机构管理(TC, 2016c)。具体而言,《加拿大交通运输法》(Canada Transportation Act)规定了无障碍交通的权利,并指出加拿大运输署有权“依据议会立法授权制定法规,以消除残疾人在交通运输网络中遇到的出行障碍”(GC, 2015c)。该法案并未规定与无障碍相关的具体标准和保护措施,但授权加拿大运输署制定法规,以消除交通运输网络中不必要的出行障碍(GC, 2015c)。

在 20 世纪 90 年代,加拿大运输署(后更名为国家运输局)引入了两套与无障碍相关的具体规定:1994 年《航空运输条例》(Air Transportation Regulations)(包括无障碍部分)和 1995 年《残疾人服务人员培训条例》(Personnel Training for the Assistance of Persons with Disabilities Regulations)(GC, 2015b)。前者适用于加拿大航空公司运营的载客量 30 人以上的所有机型,后者适用于在联邦交通运输体系中工作的所有人员。与联邦交通运输无障碍相关的其他内容则被纳入行业标准(GC, 2010)。

在与运输服务提供商和残疾人群体协商后,加拿大运输署制定了六项行业标准(GC, 2015b)(图 2-1),均含有关残疾人乘坐飞机、客运铁路、渡轮和在交通客运站的无障碍标准。此外,还有适用于所有交通出行方式的通信标准规范,这对视觉或听觉受限的出行者尤为关键。城际客运的标准规范由加拿大交通部而非加拿大运输署管理。与法规相反,行业标准的使用"通过非监管措施及时有效调整,与政府政策保持同步"(GC, 2015b)。更为复杂的是,尽管这些标准是自愿的,但最高法院已经裁定,在某些情况下,可被视为自愿执行的法规(SCC, 2007)。图 2-1 显示了加拿大运输署和加拿大交通部的无障碍相关标准、指南和法规的完整列表。重要的是,其既适用于交通工具本身的无障碍性(例如飞机、火车车厢),也适用于支持性基础设施和服务(例如航站楼和车站,预订服务)(GC, 2015b)。确保残疾人的无障碍出行对包括老年人在内的所有出行者都有益,但这些法规和条例并未涉及与自然衰老有关的其他问题。

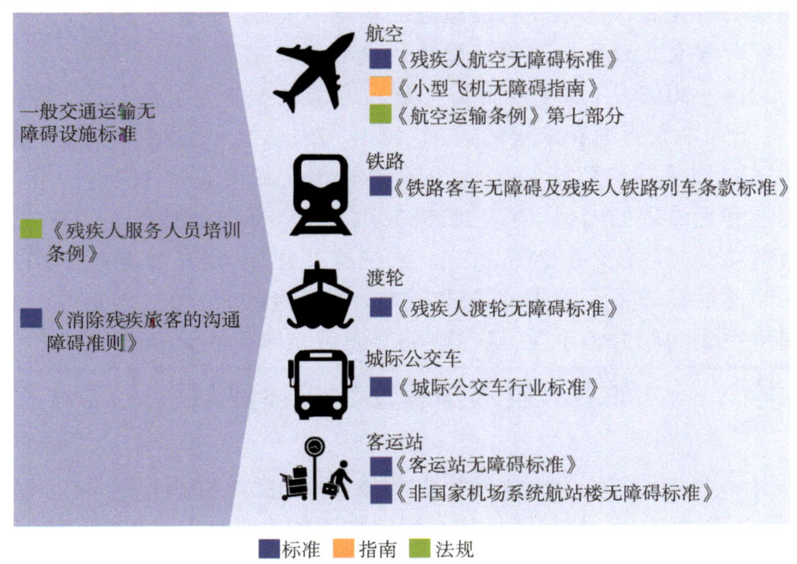

图 2-1　与联邦交通运输体系无障碍相关的规则、指南和法规

注:加拿大联邦交通运输体系(航空、铁路、城际客运和部分轮渡)的无障碍性受一系列标准(紫色)、指南(橙色)和法规(绿色)的约束。标准和指南是自愿的,而法规则不是。其中一些标准适用于整个体系,而其他标准仅适用于航站楼或其中一种交通方式。

如因残疾或健康状况导致难以顺利使用联邦交通运输体系,此类投诉可由加拿大交通运输署受理。加拿大交通运输处理投诉的方式包括政策调整、退款或费用补偿(CTA, 2015c)。交通运输局目前无权就疼痛、痛苦或收入损失给予补偿,并需根据每个投诉的具体情况做出决定,判决结果仅影响被投诉的服务提供商(CTA, 2015c; GC, 2015b)。例如当加拿大运输署根据加拿大残疾人委员会(CCD)提出的争议,针对加拿大航空(Air Canada)和西捷航空(WestJet)国内航班作出了"一人一票"①的判决时,该判决效力并未扩展到加拿大其他国内或国际航空公司(CCD, 2014)。加拿大运输署也没有与行业标准相关的法律执行权。这与其他国家(例如美国、英国)的类似机构不同。这些国家的无障碍标准是法律强制执行的法规(Baker, 2006)。加拿大运输署拥有执法人员,负责监督行业标准的落实情况,但无权依法强制执行。加拿大残疾人委员会认为,加拿大缺乏法律强制执行,是导致联邦交通运输体系仍然存在系统性障碍的一个原因(CCD, 2014)。美国通过《航空公司无障碍法》(Air Carrier Access Act)等来解决这些问题。该法通过建立"解决投诉官员"机制来处理航空公司层面的问题,并建立了强制执行机制,允许美国交通部对不符合该法案要求的航空公司处以罚款(Ashby, 2015)。

1. 加拿大交通运输无障碍管理的措施正在完善

2014—2015年,对于《加拿大交通运输法》进行了修订,以确保其"服务于加拿大当前和未来的需求"(GC, 2016a)。《加拿大交通运输法案综述》(以下简称《综述》)于2016年初提交议会,其中包括一节关于适配性和无障碍的内容(GC, 2015b)。《综述》有与无障碍条例有关的6项有针对性的建议(见专栏2.1)。采纳这些建议,将会显著改变加拿大联邦交通运输体系无障碍的管理方式。专家组认为,这些改变可以为政府提供更大的权力和手段,确保联邦交通运输体系的无障碍性。

专栏2.1 《加拿大交通运输法案综述》摘录:无障碍建议

(1)《综述》建议,加拿大政府应修订《加拿大交通运输法》(国家交通运输政策)第5节,以体现包括残疾人在内的所有人"无障碍",并更好地与其他国家的无障碍管理保持一致。

---

① "一人一票"(one - person - one - fare)判决是指,如果乘客因残疾原因导致其需要一个以上座位(自用或因为个人照料和旅途安全给陪同者使用),航空公司不能多收取机票费用。

(2)《综述》建议,加拿大政府应将残疾的定义纳入《加拿大交通运输法》(包括世界卫生组织在功能、残疾和健康模式国际分类中提到残疾的三个决定因素),以使法律条款更加明确

(3)《综述》建议,加拿大政府应将无障碍行业标准上升为法规条例,并将《城际客运行业标准》移交给加拿大运输署管理。

(4)《综述》建议,加拿大运输署应对联邦交通体系中与残疾有关的投诉案件享有专属管辖权,包括在规定限度内对疼痛和痛苦给予赔偿的权力。

(5)《综述》建议,授予加拿大运输署处理系统性问题的权力,包括自行调查无障碍设施问题和发布一般命令的权力。

(6)《综述》建议,加拿大运输署每三年应使用计分卡报告无障碍设施情况。该计分卡将包括对各种无障碍要素的总体评估,值得关注的最佳做法,合规状态,投诉数量以及突出亮点或评论。

(GC,2015b)

基于本报告背景,在关于交通运输无障碍设施管理的建议中,最重要的是建议3,即:加拿大应以正式条例取代无障碍自愿实施标准。这一变化将使加拿大与欧盟、美国和澳大利亚保持一致。根据《综述》,“除非无障碍相关权利和标准被纳入立法,否则加拿大在无障碍设施管理方面将继续落后于其他国家”(GC, 2015b)。

另一项重要建议是建议2,该建议敦促加拿大将“残疾”的正式定义纳入《加拿大交通运输法》,类似于美国、欧盟和澳大利亚(EU, 2006; DOJ, 2009; Australian Government, 2016)所采用的定义。由于缺乏定义,导致服务提供商和出行者都不太明确,尤其是在残疾认知的灰色区域(例如传统上不被认为是残疾的过敏等疾病)(GC, 2015b)。

总体而言,实施《综述》提出的建议,将扩展加拿大运输署对无障碍设施问题的权力范围。值得注意的是,加拿大运输署有权处理联邦管辖的所有交通方式的无障碍设施问题,有权对所有相关服务提供商做出判决(而非仅仅是被投诉的服务提供商),并有权力在非正式投诉立案的情况下处理系统性问题。

在《综述》发布后,联邦政府开始制定加拿大交通运输发展的长期战略。2016年11月,交通部部长介绍了政府的发展战略《交通2030:加拿大未来交通运输战略计划》(*Transportation 2030: A Strategic Plan for the Future of Transportation in Canada*)(GC, 2016b; TC, 2016b)。这一战略

是经过充分咨询论证,并综合《综述》结论而做出的,其中包括部长对若干措施的承诺,这些措施将影响老年人的交通出行体系。最值得注意的是,政府正在寻求“支持更多的选择、更好的服务、更低的成本以及赋予出行者的新权利”(GC, 2016b)。2017 年夏天,交通部部长公布了《旅客权利法案》(*Passenger Bill of Rights*),作为《加拿大交通运输法》修正案的一部分(Rabson, 2017)。

该法案将监管权力移交给加拿大运输署,并有预见性地防止航空公司对乘客造成伤害,为那些因自己原因而受伤的乘客制定最低赔偿标准,要求对丢失或损坏的行李进行赔偿。航空公司还必须详细说明,如在其管辖范围内的事项导致客户延误,他们将对客户作出哪些赔偿(Rabson, 2017)。此外,加拿大运输署正在进行变改,以使其管理更加现代化,包括计划对其负责的所有现有法规和行业标准进行审议和修订(CTA, 2016b)。加拿大运输署正在研究的一些基本问题,就与《综述》的建议和无障碍直接相关。例如目前正在研究的问题:将现有行业标准转化为法规是否能够促进无障碍设施的建设;为了公平竞争和保护残疾人的权利,可否通过案例判决把部分航空公司已经实施的无障碍标准推广到全行业,比如加拿大航空和西捷航空的“一人一票”规则。(CTA, 2016b)

另一项与联邦政府相关的无障碍管理,是由加拿大就业社会发展部(ESDC)领导的无障碍立法。该立法将“促进机会平等,增加对残疾(或功能受限的)加拿大人的包容性和社会参与”(Prime Minister of Canada, 2016)。立法从咨询过程开始,加拿大就业社会发展部与相关利益方进行了沟通,通过邮件反馈、在线问卷填写以及面对面会谈的方式收集咨询意见。咨询建议将联邦政府管辖下的交通体系便利性确定为联邦政府六个优先领域之一(ESDC, 2017)。这项新立法或将促进加拿大制定一个正式的“残疾”定义。该定义可用于包括《加拿大交通运输法》在内的一系列联邦立法。

2. 联邦政府与旅游业

联邦政府提出了通过无障碍出行支持旅游业的一系列计划和举措。联邦旅游战略(Federal Tourism Strategy)属于“大政府的方式”,旨在促进和加强与行业和其他各级政府的伙伴关系,以支持全国旅游业发展(Industry Canada, 2011)。该战略的四个优先事项之一,是“在确保加拿大边境安全和完整的同时,为出行者提供便利的无障碍出行”(Industry Canada, 2011)。因此,加拿大交通部和加拿大运输署通过确保联邦交通运输体系的无障碍性,在支持这一战略方面发挥了重要作用。加拿大旅游战略考虑到加拿大本国老年人,以及来加拿大境内旅行的外国老年人口增长情况,不断调整完善交通运输体系,满足这一群体潜在游客需求,以使加拿大成为更多人能够无障碍出行的目的地和更具吸引力的旅游目的地。

第二节　省、地区和市政府在交通运输管理中的作用

尽管专家组主要关注联邦交通运输网络体系,但也认识到确保推行该体系可能会涉及省、地区或市政府管辖的交通运输方式。此外,本报告强调了"门到门"的机动性,这意味着专家组并非孤立地看待联邦交通体系。实际上,加拿大交通网络的不同组成部分是无法分开的。

对交通运输的管辖权并不是简单划分的。所有三级政府(联邦、省/地区和市)都参与交通基础设施的法规制定和管理。旅客很可能在一次出行过程中使用到三级政府各自负责的基础设施。联邦政府拥有(或租赁)加拿大大型机场航站楼,各省和地区对一些公路拥有管辖权,市政府负责其余的道路网络。其他省级或地区责任包括驾驶执照以及一些省内交通系统管理(比如安大略省的 GO Transit)。

在加拿大各地,市政府在交通运输方面发挥着重要作用,尤其是提供城市公交。一般来说,公交体系仅限于加拿大最大型的城市。这些城市运营多式联运的公交体系(比如火车、地铁和公共汽车)。一些较小的城市仅运营公交服务,例如在特定时间为老年人和残疾人提供需求响应服务(Sylvestre *et al.*, 2006)。市政府的其他责任包括维护人行道和公路以外的道路,以及对停车进行规范管理,具体责任因省、地区或城市情况而略有不同(FCM, 2006)。联邦政府对城市交通也有一定影响力,因为市政府往往依靠其他层级政府的投资来支持新建交通基础设施(或改造现有基础设施)。例如,联邦政府出资 1.64 亿加元改建多伦多联合车站(总成本为 6.4 亿加元)(City of Toronto, 2017)。联邦政府已承诺进一步对升级改造交通基础设施进行投资,这也包括市级(或省级)管辖范围内的部分。作为 2017 年预算的一部分,加拿大政府宣布将在未来 11 年内投资 201 亿加元"建设新的城市交通网络和服务体系,以改变加拿大人的生活、出行和工作方式"(GC, 2017c)。其最近还宣布将有数十亿加元投资于贸易和交通基础设施(Press, 2017)。

第三节 行业合作伙伴在交通运营和无障碍管理方面的作用

交通运输服务提供商,机场、火车站、公共汽车站和轮渡运营商,以及基础设施提供商在内的行业和国有企业,都是改善联邦交通运输体系无障碍性的参与者,其中私营公司是该体系许多关键组成部分的所有者和运营商。交通运输企业经常会开展和实施一些自我变革,旨在达到(有时超过)法规、规定和行业标准的要求。这些变革可能是技术更新、服务模式升级或更完善的人力资源培训等。

通过提升无障碍性,可以增加接受特定服务的潜在客户群,并在公众中产生良好口碑,进而产生经济效益。例如,尽管加拿大没有法律或法规要求游轮公司遵守无障碍指南,但游轮公司为满足老龄人群需求,改造其船舱和各类设施使之更加无障碍化(Tierney, 2009)。除了经济效益,交通运输服务提供商还可能不断改进其运营水平,以确保提供最佳的客户服务,并成为社区的良好一员。第三章将进一步讨论提高老年出行者交通出行无障碍性所带来的经济效益。

第四节 结论

在管理和改善加拿大交通运输体系的无障碍环境方面,联邦政府需要发挥核心作用。航空、铁路、城际客运和一些轮渡属于联邦政府管辖范围,而这些交通方式的运营和所需资金,由联邦政府与其他各级政府、非营利组织和交通行业企业共同承担。所以各级政府、合作伙伴和运营部门都需要通力合作,从而使加拿大的交通运输体系更便于老年人使用(并使不同交通方式之间更加无缝衔接),也让人们在一次出行中可能使用多种出行方式和车辆类型。

联邦政府的一项重要职能,就是确保航空、铁路、城际客运和一些轮渡的无障碍性,这主要由加拿大运输署进行管理。目前,加拿大主要依靠行业标准(而非法规)来确保残疾人能够便利地使用这些出行方式,但加拿大运输署开展改革的权力有限。近期,联邦政府开始通过《加拿大交通运输法》等调整补充关于交通运输无障碍性以及其他方面管理的现行政策。由于政府目前正在研究加拿大交通部的具体职能和加拿大运输署的权力,因此现在是考虑哪些变化和活动可能有助于消除老年人出行障碍的理想时机。在可能的情况下,联邦政府与交通运输行业及各级地方政府合作,协力改善联邦交通运输体系的无障碍性,将最大程度地减少包括老年人在内的各类出行者障碍,从而支持社会公平及加拿大旅游业的发展。

第三章

加拿大老龄人口交通需求

- 加拿大老龄人口统计
- 老年人群的特殊性
- 老年人群具有多种不同的出行偏好、需求和行为
- 老年出行人数增长为经济发展带来契机
- 认知差距和结论

第三章　加拿大老龄人口交通需求

主要结论

- 衰老是一个自然的过程，包括各种身体、认知、感觉及社会行为的变化。
- 加拿大老年人群是一个能力、特点迥异的多元化群体。他们所处地理位置及收入差距等特点，都会影响他们的出行需要和选择。
- 加拿大的交通运输体系必须适应老年人的需要，从而满足这一不断增长群体的多样化需求。
- 老年人在使用和适应数字化技术方面存在差异性。
- 对老年人的歧视会影响老年人的出行选择和机会。
- 休闲出行对老年人非常重要，从很多方面来看，他们都是理想的游客。建立一个包容性的交通运输体系，对于日益增长的老年出行者群体将更具吸引力，同时将会带来很好的经济效益。
- 认识上的严重不足阻碍了人们对加拿大老年人交通需求的了解，关于老年人消遣性出行、农村或偏远地区老年人出行需求以及土著老年人出行需求与面临的挑战等方面的研究非常匮乏。

在加拿大，65岁及以上老年人是一个十分重要且数量不断增长的群体，2012年超过500万人，至2016年增长至600万人（StatCan, 2016d）。预计至2036年将会超过1000万人（Hudon & Milan，2016），届时每4个人中就有1个65岁及以上的老年人，而当前的比例是6∶1（StatCan, 2015c, 2015e, 2016e）。目前，该群体的增长速度高于任何其他年龄群体。2015年65岁及以上老年人口数量在加拿大历史上首次超过14岁及以下少儿人口数量（StatCan, 2015c）。此外，2016年，80岁以上高龄人口超过了150

万人(2012 年不足 140 万)(StatCan,2016d)。2014—2015 年,接近 100 岁的群体是人数增长最快的年龄群体(Hudon 和Milan,2016)。

如第一章所述,我们选取了多个角色案例,对老年出行者以及他们在出行时面临的障碍进行阐述。本章选取了四个案例,见蓝框内内容:夏洛特和弗朗索瓦(魁北克省,84 和 86 岁),由美(不列颠哥伦比亚省,73 岁),帕特里克(阿尔伯塔省,65 岁)和玛丽(新斯科舍省,89 岁)。每一案例都列出了老年人经常遇到的出行障碍或其关注的代表性问题,如活动受限、收入问题及对新技术不熟悉等。

第一节 加拿大老龄人口统计

加拿大各省和地区的人口年龄结构差异很大。大西洋沿线省、不列颠哥伦比亚省和魁北克省 65 岁以上人口的比例高于加拿大平均值,而在阿尔伯塔省及一些地区则低于全国平均值(StatCan, 2017b)。比较极端的对比是,2016 年新斯科舍省 65 岁以上老年人口占比 20%,而在努纳武特地区却只有 3.8%(StatCan, 2017b)。2011 年,65 岁及以上土著老年人比例约为 6%,同时期非土著老年人比例超过 14%(StatCan, 2013)。截至 2011 年,居住在保留地外人口聚居区的 65 岁及以上土著老年人比例为 52%①,与之相比,同年龄组非土著老年人比例为 80%(O' Donnell *et al.*, 2017)。

一般来说,加拿大人的寿命普通超过 65 岁,平均预期寿命为 81.7 岁(StatCan, 2015e);女性在 65 岁之后预期还能再活 21.7 年,男性可以再活 18.8 年(Hudon & Milan, 2016)。两性之间死亡率及预期寿命的差别意味着,随着年龄的增长,男性和女性在数量上的差距会越来越大(Hudon & Milan, 2016):65 岁时女性和男性的比例约为 1:1,但是该比例在 85 ~99 岁时扩大到 2:1,超过 100 岁后扩大到 5:1(StatCan, 2017c)。

第二节 老年人群的特殊性

一、老年人的健康状况与出行

衰老是一个自然的生理过程,包括各种身体、心理、认知及社会行

---

① O' Donnell 等人(2017)定义的人口聚居区是指"人口数至少 1000 人且每平方公里人口数不少于 400 人的区域"。

为的变化，并以不同的方式影响到每个个体。老年人作为一个群体，不能以任何一组特征来界定，因为他们的能力、兴趣以及生存状况和相应的需求都各不相同。有些老年出行者受到身体状况影响，比如疼痛等导致行动受限；另一些则身体状况良好，经常出行；还有一些人处于这两者之间。与过去相比，现在65岁以上的加拿大人更加健康、活跃和富有（Turcotte & Schellenberg, 2006；StatCan, 2015e）。"老年人"一词是指一个年龄跨度较大的群体，随着年龄增长从65岁到75岁再到85岁，甚至更长的年龄，老年人的能力和偏好也往往随之变化。不同老年人群体的需求也是不同的。例如现在75岁的老年人的需求和偏好，可能会与25年后的75岁老年人的需求和偏好迥然不同，在文化价值观、新技术的使用以及个人偏好方面，都可能会有很大差异（Turcotte & Schellenberg, 2006）。

目前大部分65岁及以上的老年人都认为自身健康状况良好。住在自有住宅的65岁以上老年人，有80%给自己的健康状况作了正面评估（极好、很好或者好），同时超过94%的人对自己的心理健康状况也给出同样评价（Hudon 和 Milan,2016）。但是随着年龄增长，身体状况也会发生灵敏性降低、平衡能力变差、运动能力减弱等变化。这些变化会让一些老年人的日常活动变得困难，比如抓握和爬楼梯等。加拿大老龄化纵向研究（CLSA）[①]（Raina *et al.*, 2009；Kirkland *et al.*, 2015）结果表明，对老年人来说很多活动都将存在困难，行动受限老年人的比例将会随着年龄增长而增多（图3-1）。研究数据表明，老年人面对的最常见的困难，是坐下后难以站起和长时间站立（15min或更长）。考虑到以上结论，在加拿大居住于自有住宅中的65岁及以上老年人中，有20%的女性和15%的男性需要日常照料也就不足为奇了，且这个比例随着年龄增长而增加（Hudon & Milan, 2016）。在65岁及以上老年人中，约有44%的女性和54%的男性被归类为行动能力较好或中等，随着年龄增长，比例逐步降低（Hudon & Milan, 2016）。

慢性疾病在老年人中比较常见，大部分人表示他们至少有一种疾病（StatCan, 2009）（图3-2）。高血压是最常见的慢性疾病，其次是关节炎（Hudon & Milan, 2016）。在某些情况下，身体的极端变化甚至会导致残

---

① 这些结论来自CLSA收集的资料、样本。CLSA的研究资金由加拿大政府通过加拿大健康研究院（Canadian Institutes of Health Research）提供，资金资助项目编号：LSA9447和加拿大创新基金会（Canada Foundation for Innovation）提供。

疾(加拿大统计局定义为“限制了一个人日常活动的、长期的身体或心理疾病”)(Hudon & Milan, 2016)。这些极端的变化包括只能够非常缓慢地挪动,行走时产生的严重疼痛,极为有限的视力或听力。疼痛是最常见的失能问题,其次是活动性及灵活性问题(Hudon & Milan, 2016)。65岁及以上老年女性报告的疼痛频次要高于同年龄的男性,且更容易患有慢性疾病或残疾(Hudon & Milan, 2016)(图 3-2)。数据还表明,女性在走路时受伤的概率更高(Asher *et al.*, 2012)。

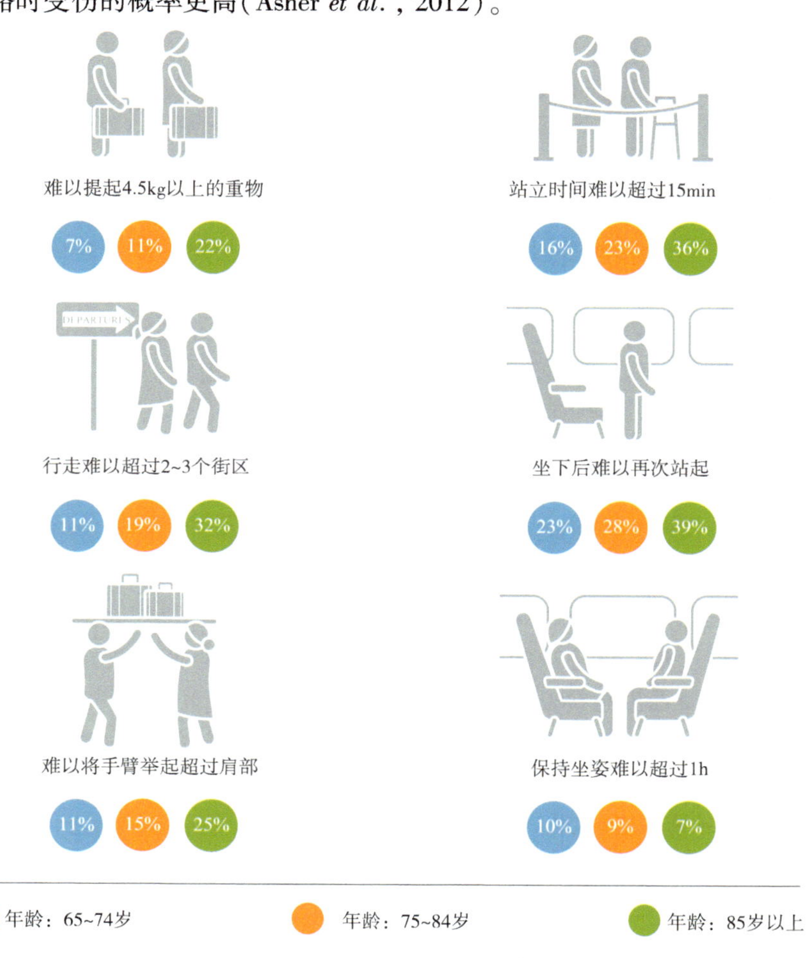

图 3-1 完成特定活动有困难的加拿大老年人

注:图中数据为完成某些特定活动有困难或不能完成的老年人占比(按年龄分组)。该比例以受访者数量为基础计算。数据收集日期为 2011—2015 年。

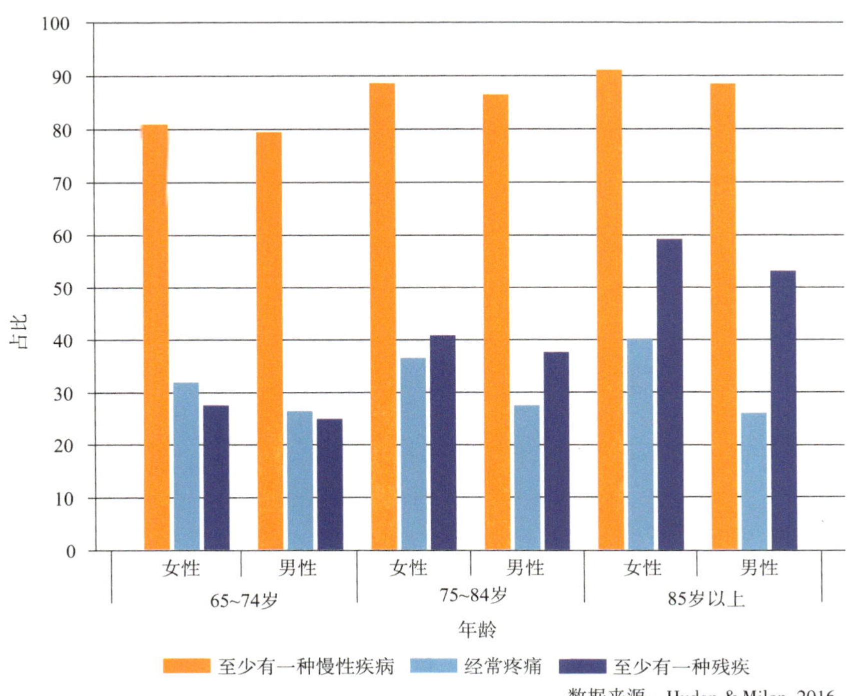

图 3-2　存在某些健康问题的加拿大老年人，按年龄和性别分组

注：加拿大老年人群体中至少有一种慢性疾病（橙色柱状图），经常疼痛（蓝色柱状图）或至少有一种残疾（紫色柱状图）的人所占百分比（按年龄和性别分组）。

如夏洛特（Charlotte）和弗朗索瓦（François）的案例中所述，当活动能力中度或重度受限时，老年人就需要借助一些辅助器具，比如手杖、助行器或轮椅。对于一些老年人而言，这些辅助器具足以支持他们独立活动。其他一些老年人，除了需要辅助器具之外，可能还需要他人提供支持帮助。例如，在 65 ~ 84 岁的轮椅使用者中，有 60% 的人宣称使用轮椅出行时需要帮助；对于 85 岁以上的群体，该比例增长到约 75%（Shields，2004）。根据美国的比较研究，衰老也会影响听力和视力情况，和 20 岁的人相比，60 岁的人需要三倍强度的光线才能看清楚（Green，2013），且 75 岁以上的美国人几乎半数存在听力障碍（NIDCD，2016）。随着年龄的增长，包括痴呆等认知障碍的人数也在增加（尽管占比保持稳定）（StatCan，2016a）。2011 年，加拿大诊断为痴呆等认知障碍的 65 岁及以上老年人达 75 万人（Alzheimer Society of Canada，2013）。至 2031 年，预计将会增长至 93.7 万人（Alzheimer Society of Canada，2017）。

夏洛特和弗朗索瓦(84 岁和 86 岁),魁北克省

夏洛特和弗朗索瓦是一对夫妇,一直都住在魁北克省的曼塔凯米市(Matagami)。他们退休之后靠退休金和来自以前做生意的少量积蓄生活。夏洛特和弗朗索瓦听力和视力均有所减退,行动能力受限。外出时,弗朗索瓦需要使用手杖,夏洛特使用轮式扶车助行器。对于他们来说,久坐都有困难,因为夏洛特患有骨关节炎,弗朗索瓦则患有慢性背痛。

夏洛特和弗朗索瓦的一个女儿卡罗琳(Caroline)住在瓦多尔(Val - d'Or)。卡罗琳的大儿子计划今年冬季结婚,并希望他的外祖父母能够参加婚礼。夏洛特和弗朗索瓦非常希望能去参加,但是他们仅能够在曼塔凯米市内开车。而卡罗琳因为忙于工作及筹备婚礼,不便长途驾车去将其父母接来。从曼塔凯米到瓦多尔唯一的公共出行选择是长途汽车,行程达 3.5h。

关于这次出行,夏洛特和弗朗索瓦有一些顾虑:

- 他们将如何携带自己的行李?在上车和过道行走时,能否使用他们的助行器?
- 他们如何知道抵达瓦多尔的时间,中间有没有休息站能够吃点东西、舒展下身体?
- 他们没有手机,一旦汽车延误时如何与卡罗琳取得联系?

尽管大部分老年人没有认知障碍,但是认知能力的变化还是影响到很多人。随着年龄增长,认知困难会进一步加深,由此引发的身体机能的变化(Best *et al.*, 2016),可能导致行动能力下降(Sorond *et al.*, 2015)。例如老年人的步态就与特定的认知能力变化有关(Cohen *et al.*, 2016)。认知能力变化还包括短期记忆减退和反应时间延长,并可能改变个人与环境互动的方式。往往与出行相关的紧张感也可能加重认知困难。由于认知能力下降,时常导致不必要的认知过程,因而更容易受到让人分心的信息或者注意力以外的信息影响(Amer *et al.*, 2016a, 2016b)。诚然这种变化也有好处,与年轻人相比,老年人能够记住更多他们注意力以外的事情(Rowe *et al.*, 2006)。此外,很多日常活动得益

于不那么严格的认知控制（Amer *et al.*，2016b）。这包括创造性地解决问题，以及自下而上、自动化、信息驱动的过程，而非自上而下、控制驱动的过程，比如暗示/联想学习（即更好地将信息联系在一起）（Amer *et al.*，2016b）。这些益处还包括老年人拥有的来自其丰富经历的广博知识。应该注意的是，与认知过程有关的出行障碍，可能源于人和环境之间的交流互动，以至于对某一特定出行环境的需求（包括身体和心理）超过了老年出行者的能力，导致其难以适应环境（Roden，2013）。例如航站楼或车站里的声音播报可能会有多次回声，导致老年人在收听播报、与工作人员或同行人员交流时存在困难。

到了65岁不再意味着就一定退休。截至2016年，在加拿大有1/4年龄在65～69岁的人仍然在工作（自愿地或出于需要），70岁及以上人群工作比例降则至7%以下（StatCan，2016d，2016e）。

绝大部分的（超过90%）65岁及以上老年人居住在自己家中，夫妇住在一起的最为常见（占63%）（Hudon & Milan，2016）。在这一点上，男性多于女性。2011年，居住在自己家中的65岁及以上的老年男性，有75%是和配偶在一起，而同年龄组女性则降至49%（StatCan，2014）。在加拿大65岁或以上老年人中，每10人约有9人已是祖父母或外祖父母（Hudon & Milan，2016）。在所有已是祖父母和外祖父母的人（45岁及以上）中，约有8%和一个或多个孙辈生活在一起，土著人的比例高达11%（StatCan，2015b）。这种居住情况在因纽特人中尤其常见，他们之中有22%的65岁或以上老年人与至少一个孙辈生活在一起（O'Donnel *et al.*，2017）。仅有很少的老年人住在集体住宅（例如养老院），但是这个比例会随着年龄的增加而上升。例如年龄65～69岁女性住在集体住宅的比例只有1.5%，但85岁以上的人群比例上升至35.2%（Hudon & Milan，2016）。这些数据表明了家庭对老年人的重要性，很多人会与朋友和/或家人一起出行。有时候，这些出行伙伴是必不可少的照护人员，没有他们，出行就难以实现。

二、老年人的收入状况与出行

近年来，加拿大65岁及以上老年人的收入中位数在稳步增长。以2013年定值美元计，2015年约为25700美元（平均值比中位数更高，超过35300美元）（StatCan，2015d，2017e；Hudon & Milan，2016；Bank of Canada，n.d.）。如图3-3所示，65岁以上男性收入中位数是同年龄组女性的1.5倍。

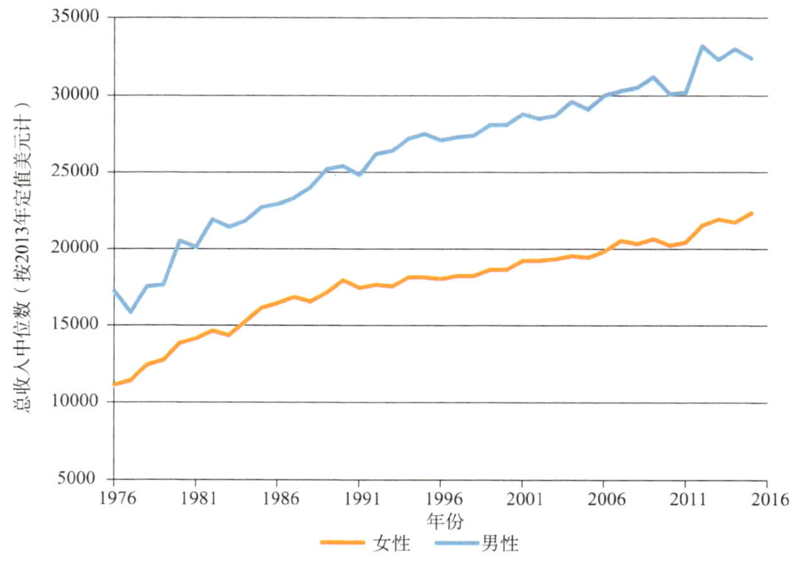

图 3-3　65 岁及以上加拿大老年人总收入中位数，按性别划分

注：1976—2015 年，加拿大 65 岁及以上老年男性（蓝色线）和女性（橙色线）收入中位数（按 2013 年定值美元计）。使用 2017 年 9 月加拿大银行通货膨胀计算器，将 2014 年和 2015 年的数据转换成了 2013 年的定值美元。

通常，与非土著老年人相比，65 岁及以上土著老年人收入更低（O'Donnell *et al.*, 2017）。在 65 岁及以上老年人中，低收入人群占比在 20 世纪 90 年代中期达到低点，此后持续上升。与之相伴的是老年人的收入中位数增速不及其他年龄组（Hudon & Milan，2016）。如果老年人不是生活在一个经济型家庭（economic families）中，则更容易陷入低收入。根据加拿大统计局（2017d）定义，经济型家庭是指"两个人或更多人生活在同一个住所内，相互之间有血缘、婚姻、同居、收养或抚养关系"。生活在经济型家庭中的 65 岁及以上老年人低收入比例低于 8%，而独自生活或举目无亲的老年人低收入比例升至 32%（StatCan, 2017d）。这些数据表明，尽管老年人普遍比过去更富有，但仍有很多人收入偏低，面临着很多与低收入有关的挑战，就像我们所采访的由美那样。这些挑战也会延伸到交通出行方面，尤其是当长距离出行且使用联邦交通运输体系的交通方式（飞机、火车、城际客运）时，出行成本往往较高。

三、老年人对新技术的接受状况与出行

信息和通信技术（ICT）在日常生活中越来越普遍，已经成为出行及

出行规划中不可分割的一部分(第四章)。很多老年人正在逐步接纳这些新技术,尽管与其他群体相比,他们的接收速度要慢得多。例如,2014年初发布的一项对加拿大人的调查发现,在68岁及以上的老年人中,只有13%拥有智能手机,而其他调查对象的比例为63%(The Canadian Press, 2014)。一个近期对美国65岁及以上老年人的调查发现,2013—2017年老年人对新技术的接纳程度上升:目前拥有智能手机的人占42%,而2013年只有18%;67%的人使用互联网,而2013年只有12%;51%的人拥有家庭宽带(Anderson & Perrin,2017)。但是,接纳程度随着年龄、家庭收入及教育程度呈现较大波动,老年人拥有智能手机的比例仍然远低于那些18~64岁的人(Anderson & Perrin,2017)。这些调查结果表明,随着时间推移,老年人的技术使用能力会发生显著变化。数据很快就会过时,历史数据并不能准确代表目前或将来的趋势。

由美(73岁),不列颠哥伦比亚省

由美是一位已离婚的日裔加拿大人,1972年随前夫移民到不列颠哥伦比亚省。离婚后,手头开始变紧。因为是一个家庭主妇,还要抚养女儿美里(Misato),离婚后她能找到的唯一工作是工资最低的收银员。由美目前独自生活在大温哥华地区本拿比市的一个小公寓内。

美里和她的丈夫及儿子一起住在西雅图。现在他们的儿子已经长大了。美里和她的家人周末很忙,很少有机会去探望母亲。由美很想念他们 因为有两周假期,很想第一次乘火车去西雅图。

关于这次出行,由美有一些顾虑:

- 她将如何规划行程安排并且独自出行?她从未去过火车站,需要乘坐汽车抵达火车站。
- 她能够买得起火车票吗?她能够自带食物以避免购买火车上昂贵的餐食吗?
- 当她到达西雅图以后如何跟美里联系?美里给她的预付费手机在加拿大以外地区还能用吗?

接纳了新技术的老年人在使用它们时与年轻一代有所不同。这

并不奇怪,今天的老年人需要下意识地“练习信息通信技术的使用并形成习惯”,因为学校并没有教过他们这些技术,且在一些工作中也用不到(Quan - Hasse *et al.*, 2016)。通过对那些使用数字技术较为频繁的加拿大老年人的采访,研究者发现他们在用“混搭”方式使用技术,即往往是传统媒体(比如报纸)和各种新技术平台之间来回切换(Quan - Hasse *et al.*, 2016)。对芬兰 60 岁以上老年人的采访进一步证明,老年出行者是一个相对特殊的群体,当他们将使用新技术作为行程的一部分时,具有不同的偏好和适应水平,其中有些人是“非常热心技术的用户和非常独立的出行者”(Pesonen *et al.*, 2015)。然而,我们也发现,即使是那些自认为熟悉信息技术使用的老年人,也希望有来自协助者的信息确认。

尽管智能手机的拥有率相对较低,但大多数老年人都已开始上网。在 2013 年过去的 12 个月中,加拿大 65 岁及以上老年人中,有 54% 的女性和 59% 的男性使用过互联网(Hudon & Milan, 2016),今天这一比例可能会更高。此外,2013 年,在使用互联网的 65 岁及以上的老年人中,37% 的女性和 31% 的男性访问了社交媒体,其中最受欢迎的平台是 Facebook(Hudon 和 Milan,2016)。尽管数据较老,但它们可以表明,还有很大一部分的老年人群体不能网络资源,比如使用在线预订服务(见第四章)。对于残疾人群也是如此。美国一项关于残疾人的研究发现,其中的 46% 借助互联网满足他们的出行需要,最常使用的功能是“寻找和/或预定无障碍酒店”(Mandala Research LLC, 2015);更高比例(占 57%)的群体反映他们使用移动设备满足出行需要,最常用的工具是酒店手机软件。尽管这一比例已经很高,但也表明仍有很大部分残疾的美国成年人在出行时不使用在线工具。因此,解决出行障碍并不能完全依靠个人通信设备和技术。

通常来说,老年人和其他年龄群体之间的所谓“数字鸿沟”,往往源于老年人的一些特点,包括缺乏专业知识、认为技术无用、害怕使用新技术、认知能力和身体机能减退以及缺乏计算机操作知识(Porter & Donthu, 2006;Hetzner *et al.*, 2014;Wu *et al.*, 2015)。以上这些因素都是相关的,而老龄歧视也可能是一个重要影响因素(McDonough, 2016)。对老年人的歧视包括消极行为,例如贬低老年人的态度,以及固守成见地认为他们太老了,无法学习新事物(Butler, 1969)(专栏 3.1)。研究表明,“老年人”被视为有高度热情但能力水平较低的人群(Cuddy & Fiske, 2002;Cuddy *et al.*, 2005),且“对老年人的歧视会降低老年人的自信心”,进而导致他们更加担心自己使用互联网的能力等问题(McDonough, 2016)。

专栏 3.1　对老年人的歧视和交通出行

在加拿大存在老龄歧视现象，这可能是最易被容忍的社会偏见。与衰老有关的固有偏见往往没有争议且难以改变（Cuddy *et al.*, 2005）。对老年人的歧视会影响老年人的交通出行选择。一项对英国交通运输专业人士的采访表明，老年人通常不被重视（例如认为他们“会把事情搞糟”）（Gilhooly *et al.*, 2002）。公共交通行业专业人士透露，从他们的角度看，“没有对残疾人和老年人差别对待”（Gilhooly *et al.*, 2002）。然而也有一些案例，开发者和操作者在设计上直接面向老年人。例如汽车制造商专门针对老年人的一些设计改良，包括使用更具灵活性的方向盘以及有液压驱动的驾驶座椅（Gilhooly *et al.*, 2002）。

Wu 等人（2015）分析了与老年群体相关的两类技术：目标用户为所有人群的技术，以及专门设计用于辅助有特殊需要的老年人（或其他人群）的“辅助技术”。根据法国一项针对 63 ~ 88 岁的老年人研究，研究者发现，一些老年人即便对于技术抱有积极的态度，他们也不认为需要辅助技术或者能够从辅助技术中得到帮助。这些老年人被认为是“健康的”和“独立的”，认为辅助技术是为“非常高龄的人”或者“孤独的”人准备的（Wu *et al.*, 2015）。

第三节　老年人群具有多种不同的出行偏好、需求和行为

老年人和其他年龄段的人一样，会开展各类交通出行活动，包括日常出行（例如购买食品杂货、医疗就诊、去银行和社交拜访）以及长距离出行（例如度假、去其他城市探亲等）。一般认为，老年人的机动性和他们的生活质量之间存在着联系（Joseph & Fuller, 1991；Metz, 2000；Musselwhite & Haddad, 2010）。根据加拿大老龄化纵向研究 2013—2016 年收集的数据表明，在具有代表性的一周内，人的年龄与日常出行之间存在一定关系（数据由加拿大老龄化纵向研究提供）。在加拿大 65 ~ 84 岁的老年人中，有超过 81% 的人因为有事，每周都要使用交通工具出行，而对 85 岁以上的人，这个比例低于 70%。在所有类型的日常出行中，这一下降趋势都是一致的；在 85 岁以上的老年人中，有 51% 每周使用交通出行去探亲访友，而对于 65 ~ 84 岁人群，这个比例超过 60%。本节主要讨

论加拿大老人的交通出行行为,以及消遣性出行偏好。

一、老年人驾驶私家车是最普遍的交通出行方式

在加拿大,68%的65~74岁的老年人将私家车作为主要的交通出行方式,75%的65岁及以上的老年人拥有驾驶证(Turcotte, 2012)。但是持有驾驶证及驾车比例,则随年龄增长而下降。在85岁以上的老年人中,有31%自己驾驶私家车,而49%的人选择乘坐别人的车出行作为主要交通方式(Turcotte, 2012)。上述结果与加拿大老龄化纵向研究收集的2013—2016年数据一致,数据表明,在65~74岁的人群中,93%的人有驾驶证并开车,而75~84岁的人中只有85%,85岁以上为68%(数据由加拿大老龄化纵向研究提供)。在这3个年龄组,几乎所有驾驶证持有者都是以自驾作为主要的交通出行方式(表3-1)。对于那些持有驾驶员但是不将汽车作为主要交通方式(作为驾驶证或者乘客)的老年人而言,步行或骑车(即自推进交通)是最普遍的出行方式。

加拿大开车的老年人最常见的交通出行方式 表3-1

年龄(岁)	在过去的一年中,哪一种是您最常用的交通出行方式?					
	自己开车(%)	乘坐私家车(%)	公共交通/无障碍公交/出租车(%)	自行车/步行(%)	轮椅/代步车(%)	不知道/无答案/拒绝回答(%)
65~74(n=8833)	87.24	6.37	1.87	4.01	0.11	0.40
75~84(n=6013)	88.54	6.29	1.71	2.94	0.13	0.38
85+(n=188)	91.49	5.32	1.06	1.60	0.00	0.53

数据由加拿大老龄化纵向研究提供

注:本表列举了过去一年中有驾驶证(包括驾驶证受到限制的)且开车的调查对象最普遍的交通出行方式,按年龄分组。给出了每一年龄组被调查对象的数量。表中的频次和百分比根据被调查对象的数量计算。以上数据由加拿大老龄化纵向研究于2013—2016年收集。

在没有驾驶证的老年人中,交通出行方式存在一些有趣的变化(表3-2)。在65~74岁年龄组中,对于不开车的人来说,最常用的交通方式是公共交通或出租车,其次是乘坐汽车或载货汽车。对于75~85岁和85岁以上年龄组,顺序正相反,即乘坐汽车或载货汽车出行是最普遍的出行方式。这表明,75~85岁和85岁以上老年人难以使用或不适应公交出行,尤其是那些曾拥有驾驶证并自己开车,且缺乏公交出行经验的人。需

要强调的是，加拿大老龄化纵向研究数据表明，有很多老年人不能自己开车，需借助替代性交通出行方式(数据由加拿大老龄化纵向研究提供)。

加拿大不开车的老年人最常见的交通出行方式　表3-2

年龄(岁)	在过去的一年中，哪一种是您最常用的交通出行方式？				
	乘坐私家车(%)	公共交通/无障碍公交/出租车(%)	自行车/步行(%)	轮椅/代步车(%)	不知道/无答案/拒绝回答(%)
65~74 (n=706)	38.39	42.92	14.59	1.98	2.12
75~84 (n=1073)	50.70	35.88	9.41	2.33	1.68
85+(n=87)	58.62	32.18	4.60	0.00	4.60

数据由加拿大老龄化纵向研究提供

注：本表给出了在过去的一年中没有驾驶证(目前没有或从来没有)的，对驾驶状况问题回答“不知道/无答案”或拒绝回答的，或者有驾驶证但从来不开车的调查对象最普遍的交通出行方式，按年龄分组。提供了按年龄分组的被调查对象的数量。表中涉及的百分比，根据被调查对象的数量计算。数据由加拿大老龄化纵向研究于2013—2016年收集。

根据加拿大老龄化纵向研究收集的2013—2016年数据表明，加拿大老年人放弃开车有多种原因，最常见的就是身体情况或者视力恶化(占37%)，其次是不再需要或者不再喜欢驾驶车辆(占20%)和认为不够安全(占15%)①(数据由加拿大老龄化纵向研究提供)。这表明失去驾驶愿望、驾驶能力或驾驶证往往与身体和感知能力的下降密切相关。

通过对新西兰65岁及以上的放弃开车的老年人采访发现，一些人因此而倍感轻松(Davey,2007)。尽管如此，研究还发现，对于很多老年人而言，失去或者自愿放弃他们的驾驶证是一件令他们倍感压力的大事，这会极大地改变他们的生活，可能会增加他们的孤独感和成为身边人负担的感觉(Adler & Rottunda, 2006; Davey, 2007)。一项对美国、澳大利亚和科威特的老年人(受访者年龄从55~70岁以上)停止驾车的汇总研究分析，放弃开车使得原发性抑郁症风险增加了1倍(Chihuri *et al.*, 2016)。抑郁症的增加，可归因于和健康相关的以及社会人口因素(Marottloi *et al.*, 1997; Windsor *et al.*, 2007)。此外，美国研究者已证实，65岁以上老年人停止驾驶车辆与总体健康状况下滑存在相关性(Edwards *et al.*, 2009)。通过有

① 允许选择多个选项。

效干预来帮助老年人(例如,针对性的关爱团体)停止驾驶车辆的相关研究表明,这类努力可以减少抑郁症状、帮助人们应对停止驾车带来的问题,尽管该结论仍需进一步研究证实(Rapoport *et al.*, 2017)。此外,随着失去驾驶证而来的哀伤,部分源于失去了自主性(Adler & Rottunda, 2006),因此,Metz(2000)建议,真正的机动性还应"包括并未实施但有能力开展的出行"(即有能力在无需提前计划的情况下出行,例如在紧急时候快速到达家人所在地)。此外,一些老年人感觉到,不再开车以后,为了消遣性出行而需要为不同交通方式(比如出租车、公共汽车)付费时,他们很难确定合理费用(Musselwhite & Haddad, 2008),尽管与自驾相比节省了出行成本。显而易见,在加拿大65岁及以上的老年人得到的最实惠的免费帮助就是交通出行(Hudon & Milan, 2016)。

在加拿大,驾驶证归属省或地区政府管辖,包括制定申请驾驶证条件以及吊销驾驶证等。因此各地区在驾驶证更新要求、频次、考试类型、驾驶证更新机制(例如必须参加考试或者在超过一定年龄后必须提交医院体检报告)或驾驶证吊销(例如,Gov. Of ON, 2017; Gov. of BC, n. d.)要求等方面也有所不同。一份对多项研究的综述表明,简单地要求达到一定年龄必须参加考试的方法,并不能有效地降低老年驾驶员事故率(Dobbs, 2008)。

在加拿大,对于给老年人发放驾驶证有一种普遍相似做法,即采取"全或无"的方法(即发放完整驾驶证或者不给予驾驶证)。所有省份都对新驾驶员实施同一种定制化的标准,包括对零血液酒精含量及乘客人数的限制(Mayhew *et al.*, 2016)。此外,很多省份对于有特定疾病的人群,制定了相应的申请驾驶证条件(Candrive, n. d.)。对于老年司机类似的要求,包括基于老年人身体条件设定特定限制条件,比如只能在白天开车。这些做法可以让更多的老年人有更长时间安全舒适地驾驶汽车(Candrive, n. d.)。

二、消遣性出行的重要性

目前有很多加拿大老年人有财力和时间休闲出行(Turcotte & Schellenberg, 2006; RBC, 2015; StatCan, 2015d)。在伊雷民调公司为加拿大皇家银行开展的一个针对50岁以上加拿大人的网上调查中,有60%的退休人员认为,出门旅行是生活的重要一部分,仍在工作的老年人中认为旅行是非常重要的活动之一的占比高达70%,他们希望退休后去旅行(RBC, 2015)。这里有一个帕特里克的例子,几代人一起旅行,尤其是和家人一起出行,是老年人旅行的一种重要形式。

帕特里克(65 岁),阿尔伯塔省

帕特里克在工作了 35 年后,最近从石油天然气公司主管的位置上退休。他和他的妻子劳伦(Lauren)都很高兴能有充裕的时间安排旅行。他们十分富裕并且热爱旅行。他和劳伦都非常喜欢打高尔夫,希望在出行时带着自己的高尔夫球设备。帕特里克意识到了近年来他的出行需求正在改变。他患有背痛并使用药物治疗,是一个很大的顾虑,并且也不能像过去那样提很多东西。

帕特里克和劳伦有一个女儿叫丽贝卡(Rebecca),和她的丈夫及刚刚学步的儿子住在温哥华。帕特里克和劳伦打算去看望丽贝卡和她的家人,同时实现他们的一个愿望:乘火车去落基山脉游玩。为了这次旅行,他们需要先从卡尔加里飞到埃德蒙顿,然后乘坐预定了私人包间的火车到温哥华。

关于这次出行,帕特里克和劳伦有一些顾虑:

- 他们是否有充足的时间从机场到火车站?是否有班车或者只能乘坐出租车?
- 从机场到火车站,他们怎样携带自己的行李,包括高尔夫球设备?
- 他们能否在自己的智能手机上获得最新的航班和火车相关信息?

目前,公开发布的关于不同年龄组出行的数据十分有限。加拿大统计局的数据显示,2016 年加拿大 65 岁及以上老年人国内旅游约 50000 人次(约 30% 是夜间出行),总花费约 660 万美元(StatCan, 2017a)。老年人出境旅游的详细数据尚缺。目前能够掌握的,是加拿大人经常前往其他国家,2014 年去美国的超过了 2000 万人次,去其他国家的超过了 800 万人次(StatCan, 2016b, 2016c),但是这些数据并没有按年龄分类。

目前,飞机、火车和城际客运的客运量数据均有统计,这些数据对于评价每种交通方式的受欢迎程度非常有用。2015 年,加拿大约有 1.31 亿人次乘坐飞机出行,其中约 60% 为国内出行,20% 在加拿大和美国之间往返,20% 为其他国际出行(TC, 2016a)。大约 90% 的客运量是由加拿大26个国家机场系统的机场贡献的。加拿大最繁忙的三大机场分别是多伦多皮尔逊国际机场、温哥华国际机场和蒙特利尔皮埃尔·埃利奥特·特鲁多国际机场(TC, 2016a)。2015年,加拿大航空(Air Canada)和西捷航空(Westjet)是加拿大国内航空市场的主要承运公司。加拿大其他有名的航空公司还包括波特航空(Porter Airlines)(一家总部在多伦多的区域性航空公司),以及加拿大2个最大的休闲航空公司越洋航空(Air Transat)和太阳之翼航空(Sunwing Airlines)(TC, 2016a)。2015年,铁路客运公司加拿大铁路(VIA Rail Canada)客运量382万人次,略高于上一年,但仍低于2008年的峰值460万人次(TC, 2016a)。目前对于城际客运的客运量情况掌握不足。2006年,加拿大统计局发布的最近年度的乘客数据表明,加拿大城际客运客运量为1680万人次(TC, 2012)。灰狗客运(Greyhound)是加拿大最大的城际公交公司(Greyhound, 2016a),2003—2013年,城际客运公司数量显著减少,从32家减至18家(TC, 2014, 2016f)。2015年,加拿大主要港口国际邮轮客运量约134万人次,其中约60%在温哥华,17%在哈利法克斯,9%在魁北克市(TC, 2016a)。加拿大最大的轮渡运营商是卑诗轮渡(BC Ferries),2015年,所有轮渡路线总计客运量1670万人次(TC, 2016a)。

关于老年人的研究表明,有很多因素与长途旅行的增长有关。例如美国老年人(50岁以上)的休闲出行随着收入增长而增加(Jang & Ham, 2009)。结婚也会增长旅行次数(Jang & Ham, 2009)。西班牙一项针对老年人(55岁以上)的调查问卷发现,较高的收入和可自由支配的时间,使旅行的可能性增大(Alen *et al.*, 2016)。该研究还表明,过去(在任何年龄)有过休闲出游的人,将来更有可能去旅行(与不旅游的人相比)(Alen *et al.*, 2016)。同时还发现,与其他年龄群体相比,老年人表现出不同的出行偏好。例如与年轻人相比,老年人更喜欢有组织的出行(比如通过旅行社)而不是独自的自由行,原因是多方面的,包括与其他人一起出行更安全和方便(Alen *et al.*, 2016)。但是在出行偏好方面,老年人群属于相对特殊的群体。例如,一般来说,与1945年及之前出生的人相比,美国婴儿潮时期(1946—1964年)出生的人更有可能去休闲旅行,但是1945年及之前出生的人如果出门旅游,则会倾向于花更多的钱(Jang & Ham, 2009)。

三、农村及偏远地区的交通出行需要

很多加拿大的老年人居住在农村或偏远地区。约有1/5(22%)的65岁及以上的老年人居住在大都市人口普查区(CMA,人口超过10万人的地区)之外(Turcotte, 2012)。其中一些居住在农村地区(定义为居民少于1000 人的居住区)或者道路不通的偏远地区(GC, 2015a; StatCan, 2015a)。与城市和郊区相比,农村和偏远地区的交通基础设施成本更高。对于那些难以到达的更加偏远的地区(TC, 2006; GC, 2015a),以及因为人口密度太低难以形成规模经济、无法建设具有成本效益的公交体系的地区,这种成本会进一步升高(TC, 2006; PHAC, 2011)。因此,农村地区的短途及长途出行对私家车的依赖性较高,远途的出行则依赖于长途客车(Council of Deputy Ministers, 2010),尽管运营成本与客流量密度不成比例,可能会导致农村地区的客运难以为继(见第四章第二节)。对于居住在大城市以外的一些老年人,经常需要为办事(比如看病)而长距离出行。此外,居住在农村或偏远地区的土著居民也会有特殊的出行需要(专栏 3.2)。

专栏 3.2 居住在偏远地区的土著居民的出行需要

在偏远地区的居住人口有很大比例(58%)是土著居民(StatCan, n. d.),在北部尤其高,在加拿大西北地区、努纳武特和育空地区等有人活动的偏远社区(即用电和/或其他能源的偏远地区),这个比例分别为 77%、89%和 91%(StatCan, n. d.)。

在加拿大北极地区偏远的因纽特人社区,由于航空运输服务的不足,导致一系列特殊的交通出行问题。因纽特人的出行文化,严重依赖传统的冰面出行方式(ICC,2008,2014)。因纽特人北极圈理事会(Inuit Circumpolar Council)(一家支持因纽特人权利和北极圈地区保护的非营利组织)承认,在整个 20 世纪与非因纽特人的接触,为北部社区带来了社会历史的变化(ICC, 2008, 2014)。作为回应,因纽特人的领导和成员已经表达了要适应某些非传统做法的需要,包括非传统的交通方式,以促进经济稳定,同时留住社区成员并保留因纽特人的生活方式(ICC, 2008, 2014)。加拿大交通部承认,农村及偏远土著社区的交通发展存在欠缺,北极圈内的因纽特和印第安人社区的交通需求面临特殊障碍(TC, 2016g, 2016h)。此外,一些情况表明,联邦基础设施项目的标准要求,并没有反映北部的发展条件和居民的实际需求,而将他们排除在外(TC, 2016h)。及早且经常性地与土著居民直接沟通,并融合传统知识和文化,被认为是解决土著社区交通问题的关键(ICC, 2008, 2014; TC, 2016h)。

第四节　老年出行人数增长为经济发展带来契机

一个具有包容性并能吸引更多出行者的交通运输体系，将会带来远超出经济收益的一系列社会效益，能够促进加拿大包括老年人在内的每个人的社会公平性和包容性。老年出行者数量的增长，还会带来高质量的代际互动，从而减少年龄歧视（Caspi，1984；Schwartz & Simmons，2001）。更多的出行还能让老年人接触到更多的人，进而打破年龄歧视的成见，提升对老年人的尊重感（Cuddy *et al.*，2005）。此外，一个包容性的交通运输体系，能够帮助老年人更长久地保持其独立性和机动性，避免由活动能力丧失而导致的身体和心理健康问题。

老年出行者的数量正在增长，预计这种增长将会持续。一项关于新西兰出境旅游的研究发现，1999—2009 年，外出旅游人数增长最快的，是年龄在 60～69 岁的群体（增长 131%），其次是年龄为 70 岁以上的出行者群体（增长 81%）（NZMBIE，2009）。展望未来，加拿大政府估计在 2010—2020 年，到访加拿大的 65 岁及以上的游客，将会增长 45%。与之相比，游客总数量增长只有 21%（TC，2012）。这种增长意味着到 2020 年，入境加拿大的 65 岁及以上的游客将会占到游客总数的 23%，而 2010 年为 19%（TC，2012）。

有专家预测，老年旅游业有进一步增长的潜力。例如美国一项针对残疾成年人的调查采访研究发现，在过去的 2 年中，大部分受访者（71%）曾有过出门旅行，还有相当一部分人（29%）没有出行（Mandala Research LLC，2015）。英国的一项航空旅客研究发现，与年轻人相比，60 岁及以上的老年人在上一年至少乘坐过一次国际航班的比例更少（Department for Transport，2014）。尽管我们无法确定加拿大是否做过类似调查，尤其是针对老年人的调查，但这些结果表明，这类的旅游市场存在增长机会。增加出行的一种方法，就是确保交通运输体系能够满足包括老年人在内的所有乘客需要。正如 Frye 所解释的（2015b）：

与其他年龄组相比，老年或残疾游客在就度假目的地做出选择时，会更多考虑从出发机场到目的地酒店的整个行程是否方便无障碍，以及目的地城市及景点周边的便捷性。

更多的人前来旅游，意味着当地会有更多的经济收入。据估算，在过去的 2 年中，美国所有年龄段的残疾游客在出行方面的花费为 346 亿美元(Mandala Research LLC, 2015),平均每人每次出行花费约500美元(Mandala Research LLC, 2015)。在整个出行过程中,这些游客为很多企业带来收入,他们几乎都是在饭店吃饭,有约3/4的人住在酒店。此外,在这些出行者中,有43%的人在之前的2年中乘坐过飞机,12%的人乘坐过火车(Mandala Research LLC, 2015)。

一个无障碍程度提升且老龄友好的交通运输体系能够吸引国际游客,同时促进国内旅游发展。建立一个可靠且准点的交通运输体系,也能促进旅游业发展。游客是交通的消费者,很多消费者会基于对一个企业的服务体验或认知,来调整他们的支出(Forrester, 2016)。一个专家组研究发现,"无障碍公共交通设施"对于实现"老龄友好"目标是必不可少的(Lee & King, 2016)。该研究还发现,总体而言,在决定"老年旅游吸引力"方面,可达性比任何其他因素(便利设施、补充服务和旅游资源)都重要(Lee & King, 2016)。超过1/4的美国残疾出行者,在过去5年中有过国际出行,平均花费2500美元(远高于约500美元的平均支出)(Mandala Research LLC, 2015)。欧洲另一项研究显示,每次出行的人均花费为620欧元(如Alen, 2012引述的)。据估算,仅在欧洲,活动能力受限群体的潜在旅游收入,就可达830亿~1660亿欧元之间(如Alen, 2012引述的)。

从很多方面看,老年人是交通和旅游业的理想客户。美国一项针对成年人的调查研究发现,79岁以前,长途旅游频次随年龄增长而增加,对于单次出行,老年人比年轻的人花费更多金钱(Hung *et al.*, 2007)。这种支出增长的趋势与其他研究结论是一致的。总体而言,美国65岁以上的残疾出行者,比其他年龄组支付了更多的机票费用(Mandala Research LLC, 2015)。德勤(2010)的一项报告显示,美国婴儿潮时期出生的人(20世纪50—60年代出生的人)拥有全美60%的财富,消费支出占总消费的40%。此外,老年出行者更不容易受到经济低迷的影响(European Commission, 2013, 如Frye, 2015b引述的)。例如2006—2011年,欧洲旅游市场受到经济衰退的负面影响,除了65岁及以上年龄组外,其他所有年龄群体出行消费均有所下降(European Commission, 2013, 如Frye, 2015b引用的)。退休人员进行长途旅行可能更为频繁,他们可以避开高峰时间出行。老年人也往往与家庭成员一起外出旅行(例如带着子女和孙辈),并因此增加了额外的游客。见以下玛丽的案例。

玛丽(89 岁),新斯科舍省

玛丽是一个丧偶的前家庭主妇,在她的女儿杰姬(Jackie)和女婿弗雷德(Fred)的孩子们上了大学后,搬到了女儿家里。杰姬目前的工作是兼职,并帮助照顾玛丽。玛丽有早期阿尔茨海默氏症,并且因为膝盖问题,出门时需要使用手动轮椅。自从她开始使用轮椅并收到阿尔茨海默氏症诊断后,便再没有旅行过。当她长时间在户外时会很容易疲劳,在嘈杂拥挤的地方会感到紧张。

玛丽有一个妹妹在佛罗里达,已经 15 年没见面了。今年是玛丽的 90 岁生日,杰姬想做点特别的事情,希望和丈夫及母亲一起坐飞机去看望玛丽的妹妹。

关于这次出行,杰姬和玛丽有一些顾虑:

- 能为玛丽买健康保险吗?
- 在飞机上和繁忙的机场,玛丽能感到舒服吗?乘务人员是否接受过培训,能够处置安放轮椅,并有医疗急救准备吗?
- 杰姬和弗雷德在取行李和办理行李手续时能得到帮助吗?机场里是否有相应的帮助服务,需要多少钱?
- 在飞机上如何管理玛丽的轮椅?在上下飞机时能有人提供相应帮助吗?

建立一个包容性的交通运输体系,其经济效益对于加拿大北部地区可能尤其重要。北部地区交通基础设施的不足,被认为是导致“失去经济潜力”的最大挑战(TC, 2016h)。更好且更加无障碍的交通基础设施既能满足当地人(其中很多是加拿大土著)的出行需要,还能让更多的人到加拿大北部地区旅游,从而让当地居民在经济上受益。人们到加拿大北部地区旅游的愿望,通过近期努纳武特引进大型邮轮即可见一斑。2016 年 8 月,水晶宁静号(Crystal Serenity)邮轮西北航线之旅的 1000 名乘客在努纳武特的剑桥湾上岸(Brown, 2016)。尽管在该地区邮轮很常见(每年大约有 5 艘邮轮停靠),水晶宁静号邮轮却比之前到港的任何邮轮都大了 10 倍(Brown, 2016; Hopper, 2016)。截至 2017 年 6 月,西北航线之旅的费用约为2.9万～16万美元（Crystal Cruises，2017），较高的票价表明乘客有较高的可支配收入，更有可能在他们参观游览的地方消费。

第五节　认知差距和结论

我们通过研究发现了很多认知上的不足，这些认知差距妨碍了对加拿大老年人出行需要和偏好的详细分析。首先，针对老年人的必要和日常出行习惯研究，主要聚焦于城市里的老年人，而很多加拿大老年人住在农村或偏远地区，那里的公共交通十分有限或很不方便，这是一个重要的认知缺失。其次，尽管我们可以找到加拿大人总体的出行数据统计，但这些数据很少按照年龄细分，就使得讨论老年人具体的出行行为变得困难。最后，尽管我们相信加拿大老年出行者数量的增长会带来经济效益，但仍缺乏可以量化这些潜在效益的科学分析。

一项对于加拿大老年人的调查揭示，他们是一个相对特殊的群体，个体间能力差异较大。同样地，老年人在出行需要和偏好方面也不相同，这一点有时候与其他年龄组存在差异。此外，住在农村和偏远地区特别是土著社区的老年人，也会有特殊的出行需要。重要的是，老年人群是一个不断增长的出行群体，拥有强大的经济实力。确保交通运输体系对所有人都包容和无障碍，不但可以支持社会的包容性发展，不断增长的老年出行群体，还能够创造更大的经济效益。

第四章

“门到门”出行：障碍和机遇

- 规划行程
- 从家到航站楼和车站
- 从航站楼和车站到交通工具
- 乘坐交通工具
- 换乘交通工具
- 行程结束后
- 认识差距和结论

第四章 “门到门”出行:障碍和机遇

主要结论

- 从规划行程安排到搭乘交通工具,再到抵达目的地完成整个行程,“门到门”出行的每个阶段都有可能面临障碍。
- 一些出行障碍可能只存在于出行过程的某一阶段,另一些可能贯穿出行过程始终,比如与查找路线有关的问题。
- 加拿大因其气候变化大、国土面积大、人口密度低和社会经济环境因素,对交通运输体系的所有使用者造成了出行障碍。例如,由于冬季天气恶劣,可能会迫使人们延迟或取消出行。对于老年出行者来说,这些障碍可能更为显著。
- 可以通过采取一系列措施,尽可能地减少老年出行者所面临的障碍,使交通运输体系更具包容性,从而提升每个人的出行体验。一些有效的措施并不难施行,且费用较低,例如老龄友好型客户服务计划和考虑老年出行者特定需求的帮助项目。
- 很多利益相关方应积极采取这些措施,包括各级政府机构、运输服务提供商、机场管理部门、铁路和轮渡码头运营商以及出行者自己。不同利益相关方之间的协作,对于支持多式联运尤为重要。
- 有效的措施可以带来社会和经济效益,从而为交通运输行业和各级政府机构之间的通力合作注入动力。

老年出行者在出行过程中可能会面临多重障碍。如第三章所述,以及角色案例中说明的那样,老年群体具有异质性,因此这些出行障碍也以不同的方式影响着每一个人。出行障碍可能源于一系列因素:与技术、生理和行动能力受限、听力和视力下降相关的不同能力和偏好,以及经常伴随旅途出现的疲劳感和压力感,不同交通工具(例如火车与飞机)之间的换乘缺乏衔接性(包括交通运输网络的衔接性)。重要的是,虽然这些出行障碍中的相当部分,对于所有类型的出行者来说都是一种挑战，但可能对老年出行者的影响更大。

老年人出行也会带来各种契机，他们可能会在非高峰时段与其他人一起长距离出行。除了经济方面的收益之外，一个具有包容性的交通运输体系可以支持所有出行者平等地搭乘交通工具，而这也应该在一个老年友好型社会中得到提倡。

本章将首先从规划阶段开始，根据出行过程的各个阶段（图4-1）分析在出行过程中遇到的障碍以及克服这些障碍的可能措施。虽然大多数现有资料都只涉及航空出行障碍，但我们也试图将火车和公共汽车出行障碍纳入研究。许多分析出行障碍并减少其影响的研究内容，都来自与残疾有关的研究，需要重点强调的是，这些研究并未包含老年出行者的所有需求。我们在以下讨论中还简要分析了小汽车出行，因为它与完成“门到门”出行有关。此外还论述了农村和偏远地区存在的出行障碍，特别是这些地区到机场航站楼和车站的可达性问题（第四章第二节）。

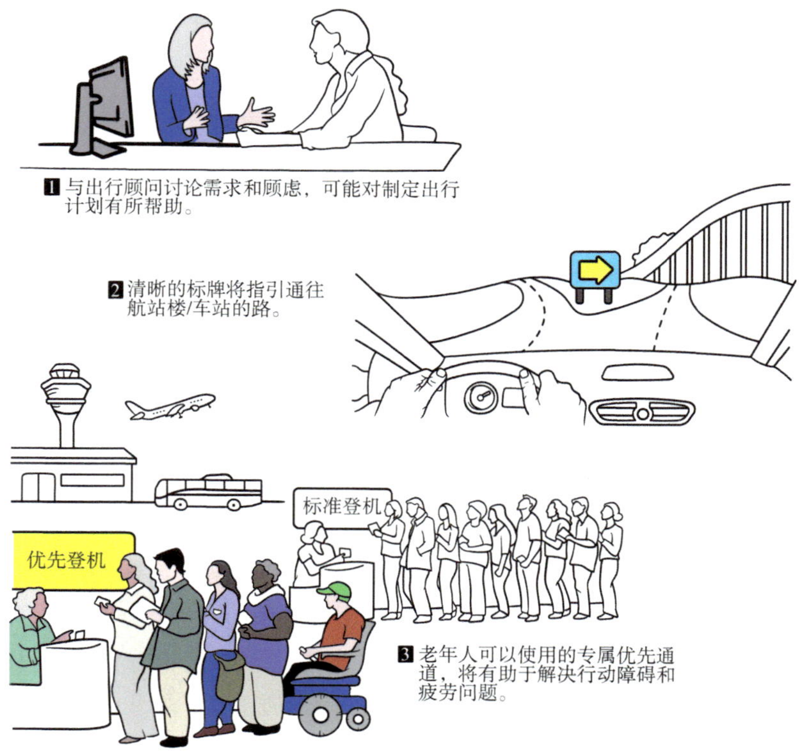

图 4-1

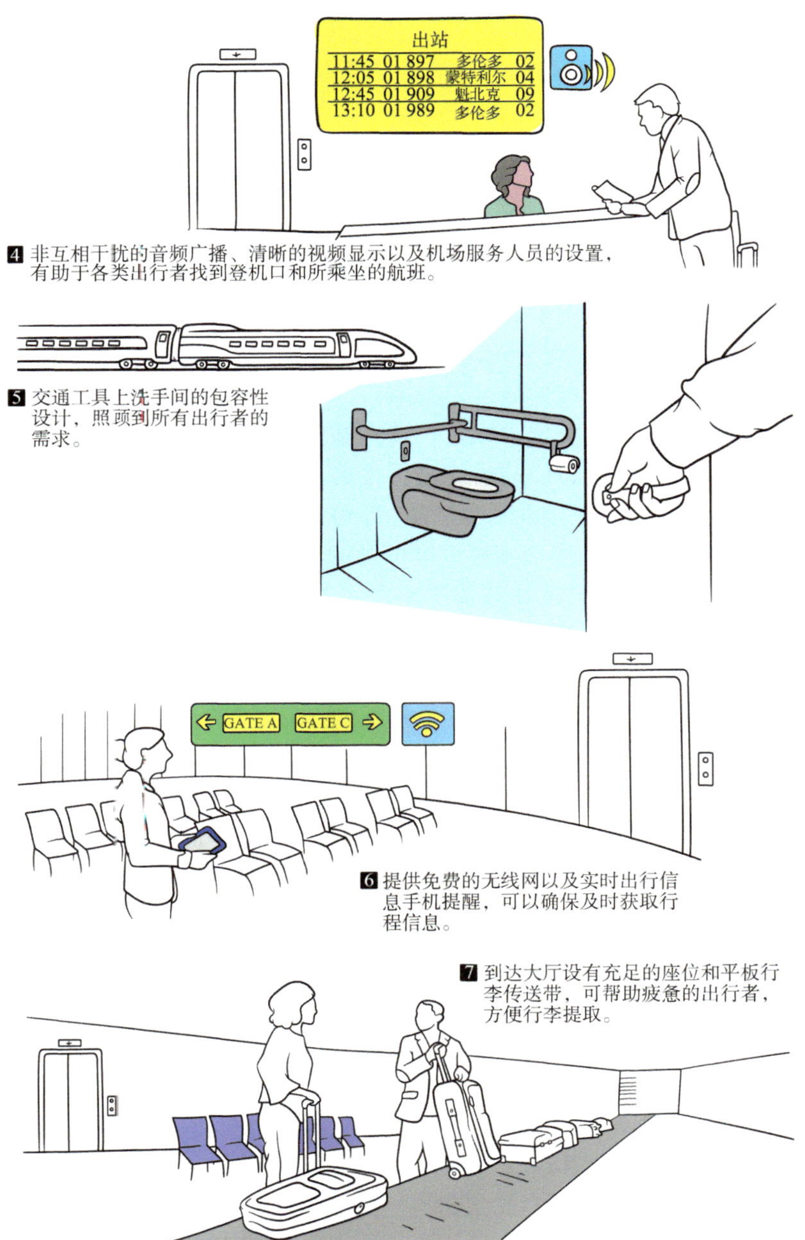

图 4-1 可以改善老年出行者“门到门”出行的部分措施

注:该图对“门到门”出行不同阶段的活动进行举例,用插图展示了可最大程度减少老年人某些出行障碍的措施。图中措施仅为举例说明,并不代表最佳方案或唯一选择。

在研究如何改善加拿大“门到门”出行的问题时,我们考虑了老年群体的异质性,并把侧重点放在须符合以下标准,改善加拿大交通运输体系的措施:

- 尽可能地减少身体、视觉、听觉、认知和社交障碍
- 提高安全性和保障性
- 让出行更加便利
- 体现影响力
- 确保整合多种运输方式
- 促进社会公平,增强连通性

对于如何最大程度地减少出行障碍,首先应尽可能提供与进行该类创新方案和措施相关的成本以及负责实施的部门。重要的是,我们并未试图对这些减少出行障碍的措施进行排名,而是根据最佳实践结果来选择这些措施。本章讨论的很多措施,都可以使用包容性设计原则实施(第五章第三节)。采用包容性设计原则的潜在优势在于,它们不仅会让老年出行者受益,还将惠及其他所有类型的出行者,让他们的出行更加轻松。这一点非常重要,因为无障碍的交通运输体系有助于创造一个“尊重人们的需求和差异”的包容性社会(AGE,2002)。

第四章重温了第三章介绍的角色案例,用以说明支持老年人无障碍出行的实践和案例(情景分析,以蓝框显示)。在本章的最后,列出了一个表格,总结了所讨论过的出行障碍,以及尽可能减少这些出行障碍的措施和负责实施的主体。本章通过分析适应人口老龄化的国际趋势和有效实践,以及提供解决老年人出行障碍的新技术和创新解决方案的相关示例,从而回应加拿大交通部提出的研究问题。

第一节　规划行程

规划行程有可能是一个充满压力的过程。由于行程的计划、预订、支付和跟踪越来越多地通过手机应用程序和网站完成,并且由于公共交通体系越来越自动化,因此不熟悉这些变化的老年出行者可能会感到有些畏惧。在未来,人们可能会更加轻松地使用这些技术,但总会有许多人不习惯使用这些设备和手机应用程序,由于身体残疾而无法使用或接触这些技术,或者因经济状况而难以负担智能手机或其他便携式电子设备。行程规划中出现的其他障碍,包括出行成本和缺乏针对老年人的专业出行服务(或者老年人不知道存在此类服务)。

一、无障碍获取信息

在行程规划过程中,通过电话或网络实现的远程访问协助,可以在出行前提供相关信息和出行解决方案,从而帮助更多出行者更好地使用交通运输体系。有效的信息获取,要求数据以不同的方式(例如音频与视频)和多种语言呈现,还要求提供与无障碍出行服务有关的资料,以及所有相关信息的公平沟通。信息不仅要可获取,还要可靠,即能够提供最新信息并准确地描述出行结果。

美国运输安全管理局(TSA)建立了名为 TSA Cares 的服务热线,旨在帮助残疾人、病人以及在安检过程中需要额外帮助的其他特殊出行者(TSA, n. d.)。出行者可以在出行前致电该服务热线,询问安检站点的安检过程,以及安检政策和程序(TSA, n. d.)。目前,TSA Cares 仅适用于身患残疾的出行者,但这类计划可以进行调整,从而为老年出行者提供帮助。在加拿大,由加拿大航空运输安全局(CATSA)负责对航空乘客及其行李进行有效的安检(CATSA, n. d. -b)。虽然加拿大航空运输安全局开通了一个专门介绍老年出行者如何使用安检的网页(CATSA, n. d. -a),但它们没有类似 TSA Cares 帮助热线这样的计划,专门用于在行程的规划阶段协助出行者。

提供无障碍、集中化、“一站式”的信息网站等在线终端,也是一种简化出行规划的方法。为出行者提供规划行程所需的合适工具,可以提升出行的独立性和参与度,赋予出行者更多的选择权,同时提供适当的信息,以有效帮助出行者从一种交通工具换乘至另外一种交通工具。出行规划网站可以提供多式联运路线建议,以完成“门到门”出行。例如,目前已有提供出行规划服务的网站,包括航班、火车、公共汽车、轮渡以及包含票价和出行时间的驾车选择(例如,Rome2rio,2017)。但是,此类网站不提供联程联运购票服务。

欧洲一些城市也开发了提供出行规划服务的网站。英国伦敦交通局网站提供不同地点之间的出行规划服务,为人们搭乘公共交通工具提供指导(例如,国家铁路、城际铁路和公共汽车、水上公交和包车),并提供伦敦的自行车和步行路线信息(TfL, ND-b)。人们还可以通过无障碍等级(例如,那些能够避免自动扶梯或需长距离步行的路线),或最少换乘或联运等选项来选择路线(TfL, n. d. -b)。美国的阿拉斯加航空公司拥有多种无障碍服务,包括专用网站和电话线路,介绍与无障碍问题、出行服务以及移动辅助工具的重量限制相关的规则和规定(Alaska Airlines, 2017a)。阿拉斯加航空公司还运营在线客户调查网站 Alaska Listens,并声明他们会采纳所有客户的反馈来“塑造阿拉斯加航空公司的未来”;但是目前尚不清楚客户的反馈以何种程度、如何影响到公司实际运营(Alaska Airlines, 2017b, 2017c)。

在加拿大,都市连通(Metrolinx)是一家由安大略省政府创建的机构,“旨在改善大多伦多和汉密尔顿地区所有交通方式之间的协调和整合”(Metrolinx, n. d.)。都市连通一直与安大略艺术设计学院的包容性设计研究中心等研究伙伴合作,以提升信息和交流的无障碍性(Metrolinx, 2014)。他们通过使用高色彩对比度、设置调整文本大小的快速链接,以及对常用屏幕阅读器的识别等方式,来增加其网站的无障碍性(Metrolinx, 2014)。

一些旅游网站也开始认识到老年出行者的特殊需求。Tripadvisor.com 成员的个人资料中包含年龄,并建立了一个专门针对老年出行者(定义为 50 岁以上)的论坛,用户可以在该论坛中提出问题或就特定话题提出意见和建议(Kazeminia *et al.*, 2015)。在该论坛中,发现老年人的两大主要行前障碍,是身体条件限制和无同伴出行的问题(Kazeminia *et al.*, 2015)。对于旅游业来说,意味着需要为那些与老年亲属一起出行的家庭,以及独自出行的老年人提供新信息,因为这两类老年人在旅途中可能会遇到不一样的障碍。

老年游客所需的符合无障碍标准的出行目的地等信息,也可能来自认证组织和资源指南。在加拿大,一些手机应用程序和资源指南可以帮助游客评估出行目的地的物理无障碍性和包容性(iTunes, 2017a, 2017c, 2017d; Access Now, n. d.),以及尝试在单一平台内整合现有数据的举措(Accessibility. Cloud, n. d.)。

老年人可能会担心各种健康状况会影响他们的出行能力。出行提供商可以推出相应服务计划,根据老年人填报的信息,对乘客是否适合乘坐飞机进行评估,让存在身体健康问题的乘客安心,并预防其在乘坐飞机时出现紧急医疗状况。例如,虽然英国航空公司(British Airways)没有类似的特定计划,但其网站上有一个专门描述出行健康信息的区域,列出了常见需要进行手术和治疗的状况,对于每个注意事项,则列出了是否有必要让乘客在飞行前联系其乘客医疗检查小组(Passenger Medical Clearance Unit)(BA, n. d.)。类似的还有,Medaire 等公司通过电话,向乘客提供是否适合飞行的评估(Medaire, n. d.)。

二、为老年出行者提供面对面服务帮助

旅行社可以为想要单独旅行、与家庭成员或伙伴们一起出行的老年人组织旅行。重要的是,我们认为,只有旅游顾问了解老年游客的需求和偏好并杜绝年龄歧视的态度,才能最有效地提供服务。有组织的团体游可以提供同伴,并降低对行程规划的要求,这可能会增加老年游客的数量,有利于增加旅行社的盈利。此外,团体游还可以通过社会包容性服务,来使老年人个体和群体都从中受益。一些旅行社还为老年游客量身定制了旅游服务。例如,某些旅行社为老年游客提供旅行套餐(例如,SDT, n. d. -a),并根据符合《安大略省残疾人无障碍法案》(Accessibility for Ontarians with Disabilities Act)要求的无障碍服务计划的政策运营(SDT, n. d. -b)。有一个非营利性教育组织,其基本理念为“终身学习是整体福利的重要组成部分”(Road Scholar, n. d. -b)。该组织为年龄在50岁以上的游客提供教育(旅游)机会(Road Scholar, n. d. -a)。重要的是,该组织的许多服务都是为希望与孙子孙女一起出行的老年人量身定制的(Road Scholar, n. d. -a)。

鼓励旅行社开发团体游,并提供响应迅速、老龄友好型客户服务,从而营造公平的旅游文化氛围,这不仅使老年游客受益,对所有希望旅行的人同样大有裨益。这些服务可以满足老年游客的各种需求,不仅能解决无障碍出行问题,还可提高出行的安全性和整体出行体验。通过开发这些服务和旅行产品,旅游顾问可以在行程规划过程中尽量减少出行障碍,并帮助想要旅游的老年人实现出行愿望。由于许多老年人是与家人一起出行,旅行社和咨询顾问可以帮助家庭成员和看护人,在规划行程时采用老年友好型交通方式和行程安排,同时也适合所有的家庭成员。

在一次旅程中,多种公共交通方式使用一张票(即联程售票)可以简化出行者的行程规划。这种票可以减少旅程中的购票和检票环节。帕特里克的案例对这一方法进行了说明。在理想情况下,联程售票可以加强不同交通方式之间的协调性;例如,如遇航班延误,考虑在旅程的后半段与其他交通方式的无缝衔接(例如,将航班延误的出行者自动转至后续航班、火车或公共汽车)。由于大多数加拿大城市的机场到火车站和公共汽车终点站之间缺乏衔接性,使得出行过程变得复杂。目前,在加拿大还不能通过购买一张通票乘坐联邦政府管辖的多种交通工具。一些加拿大市政公交运营企业提供了某些交通工具之间的联程车票。例如,在不列颠哥伦比亚省,持运输联线(TransLink)车票可以乘坐大温哥

华地区的市政公共汽车、火车和客运轮渡(TransLink,2017b)。在理想情况下,出行者可以购买包含机票和从多伦多皮尔逊国际机场到市中心的“联合车站—皮尔逊机场快线”(Union Pearson Express)火车票。荷兰皇家航空公司已在荷兰和全欧洲为出行者提供包括衔接火车和公交服务的联程购票选择(KLM, 2017)。

如果出行者能够在行程规划阶段,了解有助于减少旅程中体力活动(例如,行李搬运)的服务,则可以减轻对出行的担忧,使出行本身变得更具吸引力。例如:

- 香港国际机场提供远程行李运输服务,包括在两个主要中央火车站提供免费行李托运服务(MTR, 2016),或为身在香港的旅行者提供行李上门托运和递送服务(每次可最多托运 4 件普通尺寸行李箱,服务收费约 86 美元(2017 年 6 月收费标准)(WFS, n.d.))。
- 在檀香山国际机场,可通过免下车路边办理登机手续来办理行李托运(ACRP, 2008),温哥华国际机场提供行李搬运服务,最多 3 件行李收取 10 美元的固定费用(2017 年 4 月收费标准)(YVR, 2017)。
- 瑞士交通系统(Swiss Travel System)提供多种行李运输服务,包括从机场到目的地火车站的行李运输(根据 2017 年 4 月收费标准,单件行李收费约 70 美元)。如果需将行李直接送至选定的瑞士境内地址,则需额外付费(Rail Europe, 2017; STS, n.d.)。

上述服务也可以支持多式联运。应该注意的是,虽然这些服务使得一部分人可以享受无行李出行,但大多数服务都需支付额外费用,因此可能并非所有出行者都会使用。

三、出行费用

与出行相关的成本也可能成为老年人的出行障碍(Kazeminia *et al.*, 2015);老年人口多样性的一个重要指标就是收入水平的差异(Viant, 1993)。许多为出行提供的相关服务或住宿,例如行李运输服务和旅游保险等,都需要支付额外的费用。此外,低成本旅行也许并不适合老年人,并且可能增加总行程的长度,涉及额外的换乘,以及需要为提前预定座位和行李服务支付费用。

虽然一人一票的政策使得身患残疾的老年出行者在加拿大航空公司和加拿大西捷航空的航班上受益,但该政策并不适用于所有加拿大商业航空公司(CCD,2016)。这意味着搭乘其他航空公司航班的老年出行者,可能需要为陪同他们一起出行的同伴支付费用,而这阻止了那些无力支付额外费用并且必须乘坐不同航空公司航班的人出行。老年人也可能更喜欢与家人一起出行,为了尽可能减少他们的出行障碍而需要为附加服务支付的额外费用,常常令他们望而却步。依赖服务型动物(service animal)的出行者也存在出行障碍。服务型动物可以乘坐交通工具,但是关于允许哪些动物乘坐交通工具的规定尚不明确。有法规规定,如果服务型动物“经过专业服务型动物机构的训练以协助残疾人,且持有书面认证证书”,则可以免票(GC,2012),但该规定对专业服务型动物机构的定义尚不明确。

帕特里克(65 岁),阿尔伯塔省

帕特里克很高兴在航空公司网站上找到了“预订多种交通工具”的选项。通过这个选项,他可以购买到飞机和火车联程车票。帕特里克拨打免费电话,联系上了旅行服务人员。服务人员向帕特里克和劳伦解释了如何从埃德蒙顿机场换乘至火车站。在得知通过预订普通车票,他和劳伦只需要办理一次行李托运后,帕特里克非常激动,因为那样的话,行李将自动从飞机转运到火车上。

在出发当天,帕特里克和劳伦开车到达卡尔加里机场,把车停在了长期停车场。在这里,他们办理了包括高尔夫球杆在内的行李托运。服务人员确认了他们的行李将直接从所要搭乘的航班转运到火车上。帕特里克和劳伦接着搭乘机场摆渡车前往登机口。在摆渡车上,劳伦在她的智能手机上查看航班的最新动态:他们的航班将按时起飞。

在飞机上,帕特里克和劳伦给他们的智能手机和平板电脑充电,并连接到飞机上的 WIFI 网络,这使得他们可以查看到即将乘坐的火车动态。帕特里克和劳伦对于飞行体验感觉很舒服,但是当他们的航班在埃德蒙顿降落时,机长宣布由于天气原因,会导致乘客下机时间稍有延迟。一名空乘人员走近解释道,由于他们将错过预定的开往火车站的班车,他们的车票已经自动换成下一趟班车,晚 20min 出发。听到这一席话，帕特里克和劳伦松了一口气，收好他们的随身物品。一下飞机，他们就轻松地按照清晰的指示标牌到达班车站。他们向驾驶员出示车票并登上班车，在火车出发前 **45min** 到达埃德蒙顿火车站。他们向火车检票员出示他们的车票，登上火车，并被引导至他们的私人过夜车厢。一切安顿好之后，他们看到了来自丽贝卡的电子邮件，她已得知他们的行程情况。丽贝卡在邮件中说道："尽管天气很恶劣，很高兴你们还是赶上了火车，明天见！"

第二天早上，帕特里克和劳伦在经过一天的旅程后，抵达温哥华的中央火车站。他们下了火车，前往行李区，看到行李顺利抵达，感到很高兴。热心的搬运工帮助他们将行李箱和高尔夫设备装到行李车上。最后，帕特里克和劳伦兴奋地按照指示标牌前往指定的接送区与他们的女儿见面。

对于一些人来说，由于已有的健康问题，可能无法承担（或无法购买）紧急旅游医疗保险（Kazeminia *et al.*，2015）。无法获得医疗保险是加拿大出境旅行的一个特殊障碍，而在加拿大境内，各省和地区的医疗卫生系统都提供医疗保险。无法负担出境旅行医疗保险，导致老年群体内的不平等。富裕的老年出行者能负担旅游保险和行李运输等升级服务，可以让他们更轻松地克服出行障碍，而低收入的老年出行者则可能无法负担这些服务。

第二节　从家到航站楼和车站

因年龄而无法继续开车的老年出行者可能会依靠朋友或家人，将他们从家送到航站楼和车站。如果他们依赖公共交通工具，那么公共汽车、有轨电车、地铁、出租车或共享乘车服务必须是无障碍的。更广泛地说，依赖公共交通工具的老年人面临着查找路线问题，即从一个点到达另一个点可能会受到身体和感官能力限制的影响，导致无论采用何种交通工具到达航站楼/车站，都会遭遇出行障碍。

一、乘坐公共交通至航站楼和车站

缺乏便利的公共交通实现"门到门"服务，将给老年人造成出行障碍。由于一些航站楼和车站地理位置偏远或难以到达，因此到达的过程往往很周折（专栏 4.1）。

专栏4.1 搬迁埃德蒙顿城际客运站

2016 年,加拿大灰狗公交公司将埃德蒙顿城际客运站从市中心搬迁至位于约 5 公里外的埃德蒙顿加拿大国铁站。虽然新站点的确能够服务于灰狗公交和加拿大国铁的多式联运,但截至 2017 年 2 月还难以衔接城市公共交通。最近的公交站点在 1 公里以外的地方,没有人行道,且该公交站只开通了一条公交线路服务。虽然加拿大灰狗公交公司提供衔接市中心公交站的班车,但每天只有 2 班,这意味着有时候出租车是出行者的唯一选择。这可能会给那些无法负担出租车费用的城际客运乘客造成极大的障碍,因为出租车费用要比公共汽车票价贵得多。这个案例说明了无缝衔接、无障碍、多样化的公共交通方式十分重要,能够促进“门到门”出行,缺少这种公共交通体系会给出行者带来障碍,特别是对于那些财力有限的出行者更是如此。

(Adams, 2016; Mah, 2016; Kendrick, 2017)

开展陪伴乘车计划以满足老年出行者的需求,例如社区义务驾驶员服务和驾驶员专业培训,可便于老年出行者搭乘比较划算的城市交通工具。社区服务也可用于帮助老年出行者乘坐现有的公共交通工具。目前已有以下几个成功模式:

- 俄勒冈州尤金市的公交好伙伴计划(Bus Buddy program),将普通的公交乘客志愿者(公交好伙伴)与那些向当地老年中心请求公交出行协助的乘客(Wacker&Roberto, 2014)进行配对。公交好伙伴提供出行规划方面的帮助,教老年乘客选择公交路线,并陪同老年乘客乘坐公交车(LTD, n. d.)。
- 老龄化社会中实现能源高效的机动性(AENEAS)项目支持在欧洲多个城市实施的老年人城市机动性出行倡议(AENEAS, n. d. -a)。例如,在奥地利萨尔茨堡,通过公共交通培训计划,向老年人介绍当地公交体系,提供公交信息,让老年人参与模拟出行,并对公交车驾驶员进行培训,以满足老年出行者的需求(AENEAS, nd-b)。
- 在巴黎,旅行伴侣计划(Compagnons du Voyage)为乘坐公共交通工具的老年人提供私人同伴服务,按照 2017 年的收费标准,为老年人(60 岁以上)提供该项服务每小时收费约 32 美元(Les Compagnons du Voyage, 2017; AENEAS, n. d. -c)。

汽车共享和网约车服务可以为老年人提供另一种较为经济的方式

抵达航站楼/车站，但这些服务对于不使用手机应用程序的老年人则是一种障碍。此外，网约车、出租车和其他公共交通运营商之间的竞争，可能导致可用车辆总数减少，并且还可能减少无障碍车辆的数量。有鉴于此，许多地区已经开始努力增加无障碍出租车的数量(TRB, 2016)。不过网约车运营商也正在认识到搭载老年人所带来的盈利机会。例如，优步公司表示将在美国的老年中心和退休社区开展免费培训，辅导老年人使用其手机软件，目前很多老年人已经在使用优步软件(Dailey, 2017)。未来随着老年群体更加熟练地使用智能手机，使用网约车服务的老年人数量可能会进一步增多。在多伦多，优步与养老运营公司 Revera 合作运营优步中心(Uber Central)手机软件，这项服务允许企业为没有智能手机的客户提供约车服务(Erlichman, 2016)；优步还与 AGE-WELL 网站合作，为那些服务于老年人和残疾人的驾驶员提供培训(AGE-WELL, 2017)。

出行即服务(MaaS)将来自不同出行服务提供商和不同交通工具的所有出行选择整合到一个移动服务中。该服务起源于赫尔辛基，旨在为拥有车辆提供一种替代方案，并让其具有足够的吸引力，使得居民愿意放弃购买私家车(MaaS Global, n. d.)。自 2016 年起，在赫尔辛基可以使用手机软件针对该市的所有交通方式(公共或私营)制定出行计划，并支付费用(Goodall *et al.*, 2017)。由于该服务不仅考虑了交通网络的实时情况，还考虑了每个用户的偏好，有效提升了以用户为中心的机动性。虽然出行即服务起源于赫尔辛基，但欧洲(巴黎、巴塞罗那、埃因霍温、哥德堡、蒙彼利埃、维也纳和汉诺威)以及美国(拉斯维加斯、洛杉矶和丹佛)的各大城市都在试行自己的出行即服务版本。出行即服务模式将优步等网约车服务软件与行程规划软件相结合，允许用户在同一个平台中比选不同出行方式(Goodall *et al.*, 2017)。

网约车和出行即服务手机软件一方面可能增加老年人的出行，特别是城市内的出行，但另一方面也存在取代其他服务方式、导致不应用科技工具的老年人及其他人丧失出行服务的风险。网约车服务也有可能取代农村地区的其他交通方式，但是对于农村居民机动性的改变程度，缺少相关数据分析。

二、驾驶和停车的挑战

自驾车去机场和车站的老年出行者可以通过多种创新手段获得帮助，例如简单的车辆改装、辅助驾驶技术或自动驾驶车辆(即自引导车辆)。能够使老年人长时间开车并提高车辆安全性和实用性的改装包括安装易扣安全带或者加装方向盘套,以使老年人抓握更牢(Dickerson *et al.*, 2007)。一些新的发明,例如感知车辆周围环境的辅助驾驶技术(Abraham *et al.*, 2016),以及基于以往经验改变车辆行为的学习型系统(Dimitrakopoulos&Demestichas, 2010),可以帮助老年人安全、独立地驾驶车辆。虽然截至2017年,自动驾驶汽车尚未投入销售,但在未来老年人或将拥有不断自动化的车辆。自动驾驶汽车或许可以提高安全性。加拿大的汽车制造商正在积极研发自动驾驶汽车(Ontario Ministry of Transportation, 2016),但需要注意的是,即使自动驾驶汽车能够普及,老年人仍可能需要得到他人帮助,以便从家里出门上车,并且在到达目的地后获得帮助以便下车。因此人与人之间的互动仍然是必要的。

在航站楼和车站寻找路线和停车位,往往会给许多出行者带来困难,当然也包括老年人。引导进入航站楼和车站的标志牌可能很复杂,这是由于通常标志牌上有多个到达和离开选项、多个停车选项(例如,短期和长期)以及租车返还标志(Mein *et al.*, 2014)。对于存在视觉或认知能力限制的老年出行者来说,这些出行障碍可能更为突出。如果在同一个区域内存在多种公共交通方式或多个航站楼和车站,则标志牌本身也可能成为一种出行障碍,因为由年龄引起的认知变化,使得他们难以理解多个信息源(Finucane, 2008; Kazeminia *et al.*, 2015)。对引导进入航站楼和车站周围的所有交通标志进行调查并移除多余的部分,确保标志牌清晰,并与周围市政的标志保持一致,可能有助于寻找路线(Mein *et al.*, 2014)。

在航站楼和车站附近停车的经济成本,即使对于拥有固定收入的出行者来说也是过高(Mein *et al.*, 2014),对行动不便的人则构成了障碍。一般而言,停车场越靠近航站楼和车站,则停车费用越高,因此收入有限的老年出行者可能会选择较远的停车场。而这些停车场往往占地较大,易受各种天气条件的影响,乘坐摆渡车需要长时间等待。如果停车场有多层,则可能难以分辨步行到航站楼和车站距离最短的最佳停车区域。行李车可能无法在停车场里使用,运送行李也会成为另一个障碍。在停车场提供行李车和轮椅也可以帮助老年出行者。同样地,在停车场内对所有步行路线的高差变化安装坡道,也将有助于人们安全抵达航站楼和车站。持续开发那些帮助寻找空闲停车位的手机软件,以及在旅程结束时协助出行者导航回到车上的手机软件,都有利于解决停车难题(Mein *et al.*, 2014)。

三、行李管理

在加拿大,旅行者抵达机场航站楼和车站后,在办理乘机手续之前往往缺乏帮助(CCD, 2016),这一点与欧盟国家不同,在欧盟从指定的到达点到出发点,都可以方便地获得帮助(EU, 2006)(第四章第三节)。对于老年出行者或与老年人一起出行的家庭来说,缺乏此类帮助服务,可能会使他们遇到更大的出行障碍,因为他们往往需要行动辅助或行李运送方面的帮助(第四章第一节)。目前,加拿大法规仅要求在办理乘机手续时应提供帮助(例如行李服务),当然一些航空公司或机场也可选择根据乘客要求提供帮助(CTA, Expert testimony, 2016)。帮助克服该出行障碍的一个简单做法,即在停车场内为使用私家车到达航站楼或车站的人提供行李推车。玛丽的案例表明了帮助出行者取下行李并办理托运的成效。

尽管缺乏相关数据验证,人们在乘坐火车或客车出行时所面临的携带行李的挑战,往往比乘坐飞机时更大。这些出行方式不强制要求水平乘降(Ashby, 2015),因此出行者在乘坐火车或客车时,可能需要手提行李上下楼梯。

玛丽(89岁),新斯科舍省

杰姬决定通过电话为全家人预订航班,但她有很多困扰。一名代理向她解释道,所有工作人员都接受过培训,可以提供帮助,并向她详细介绍了玛丽上下飞机的程序以及紧急医疗协议。代理为杰姬一家预订了飞机票,并提醒杰姬,玛丽需要额外的无障碍服务。他还指导杰姬进入一个为高危出行者购买旅行健康保险的网站。可供玛丽购买的旅行健康保险很贵,但因为只有这一次旅行,杰姬还是选择为自己、弗雷德与玛丽一起购买了该保险。

在出发当天,杰姬开车带着弗雷德和玛丽到达机场,随后按照指示牌前往办理登机手续和行李托运区。杰姬提前预订了代客泊车服务。该项服务对于那些携带助行器具和旅行陪伴的出行者免费。杰姬驾车进入有明显标记的区域,机场工作人员推着行李推车走了过来,他们扫描了杰姬一家的机票，卸下行李，贴上行李标签。在杰姬帮助玛丽坐上轮椅的时候，工作人员把登机牌递给弗雷德。进入航站楼后，杰姬一家按照指示牌，进入优先安检通道。扫描完杰姬一家的登机牌，在杰姬走过安检门的同时，一名机场工作人员帮助弗雷德将随身物品装到传送带上。之后杰姬站在附近，好让玛丽可以清楚地看到她，此时安检人员正推着玛丽通过安检门，并询问玛丽的行程。

在登机口，乘务员看到了玛丽并让玛丽、弗雷德和杰姬优先登机。玛丽一上飞机，就有两名乘务员协助将她安全地转移到舒适的机上轮椅，并将玛丽自己的轮椅安全存放起来，护送玛丽、弗雷德和杰姬到他们并排在一起的座位。这些座位都有额外的腿部空间。尽管乘务员提出要帮助玛丽，但是她在弗雷德的帮助下，很轻松地从轮椅坐到了飞机的座位上。乘务员向他们指明了无障碍卫生间的位置，并告诉他们所有乘务人员都接受过培训，可在需要时提供帮助。

由于无障碍卫生间有足够的扶手，玛丽发现在坐飞机时使用卫生间，要比想象中更容易。更让她放心的是，有足够的空间可以让杰姬站在无障碍卫生间的外面等候。飞机抵达后，杰姬一家下飞机。乘务员帮助玛丽在出机舱后坐上自己的轮椅。下飞机之后，玛丽感觉有些累，需要休息一下恢复精神。她与杰姬坐在了行李领取区，这里有非常多的座位。同时弗雷德提取他们的行李，并把行李装到手推车上，然后一家人走向附近的租车服务柜台。他们租了一辆无障碍厢式汽车，在弗雷德帮助玛丽上车坐好后，由工作人员帮他们把行李装上了车。随后这家人离开机场，驾车去见玛丽的妹妹。

四、由于地理位置导致缺乏衔接航站楼/车站的交通工具

一个人所处的地理位置，可能会愈发成为其出行的障碍。经济合作与发展组织（OECD）成员国的许多老年人终生在城市生活，在公共交通和服务满足于他们出行需求的地方“养老”（OECD, 2001）。但也有很多中年人居住在低密度的郊区，在这里，拥有一辆汽车对他们的日常生活至关重要（OECD, 2001），停止开车以后，这些人可能会遇到出行障碍（OECD, 2001）。在加拿大，农村地区的老年人更依赖于私家车出行（TC, 2006; Marr, 2015）。随着年龄的增长，他们所处的地理位置可能也会成为使用联邦交通运输体系的另一个障碍。

2007 年，生活在加拿大 8 个省 10 个社区的老年人（60 岁以上）被划

分为不同的关照小组，小组人数从 600 人以下到大约 5000 人不等，他们代表了不同发展程度的乡村和偏远地区，由加拿大公共卫生署进行管理（PHAC，2011）。这些关照小组反映了不同年龄、身体健康程度和社会经济的老年人的情况。研究发现，关照小组的大多数老年人都拥有私家车并开车出行。一旦无法继续开车，这些老年人就会担心因为公共交通出行选择少、公交的排班和衔接性差以及缺乏无障碍交通工具（PHAC，2011）等问题而丧失独立性。此外，由于人口规模较小，既有的公共交通服务（例如伤残者小巴）因乘客人数较少而未能充分利用，有时会导致这些服务被取消（PHAC，2011）。

农村和偏远地区的居民面临更多的交通出行障碍，因为这些地区的人口和服务更加分散，使得他们经常需要更长距离的出行（Marr，2015）。较长距离可能导致私家车和其他交通方式的出行成本增加，使得出行更加艰难（Marr，2015）。由于人口密度较低，农村或偏远地区较小的社区可能无法实现某些类型的交通基础设施发展所需的规模经济，例如公共交通（TC，2006）。拼车计划也可能受到阻碍，因为参与该计划的人较少（TC，2006）。即使这些地区拥有公共交通体系，但也未必能够实现无障碍设计，因为加拿大的无障碍条款仅适用于每年客运量超过 1 万人的航站楼和车站（飞机、铁路和轮渡）（Ashby，2015）。

很多省和地区的政府都认识到，需要提供城际客运来衔接农村和偏远地区。萨斯喀彻温省运输公司（STC）的客运服务就是一个建立跨全省客运体系的案例，该体系将农村和偏远地区的出行者运送至省内或加拿大的交通枢纽，例如加拿大灰狗公交的汽车站。萨斯喀彻温省运输公司是一家由省政府补助的国营公司，是该省很多农村地区唯一的城际客运运营商，为低收入人群（占乘客人数的 70%）和老年人提供交通服务（STC，2016）。2017 年 5 月，由于客运量下降和运营成本增长，萨斯喀彻温省政府停止了此项服务（Bains，2017；CBC，2017b）。该决定凸显了农村和偏远地区一直以来存在的挑战：尽管实践证明需要此类交通服务，并且通常也需要提升客户满意度（萨斯喀彻温省运输公司最新的年度报告显示，客户满意度评定为 93%），但是人口密度较低，仍然使得此类服务在经济上缺乏可行性（Bains，2017；STC，2017）。在农村和偏远地区，这项交通出行服务被关停，导致依靠萨斯喀彻温省运输公司交通服务出行的人，又缺少了一项出行选择。加拿大新民主党立法会议员 Cathy Sproule 指出，这将对老年人造成更大的负面影响（Warick，2017）。

在不列颠哥伦比亚省，土著、市政当局和省政府共同投资改善了 16

号公路的交通基础设施、无障碍性和安全性。此前这条公路被称为泪之公路(Highway of Tears),因为在这里有无数土著妇女失踪和遭到谋杀(CSFS, 2006; CBC, 2017a)。为了改善交通出行服务的便利性,该省对城际客运服务、土著驾驶员培训计划、安全基础设施(例如带摄像头监控的公交站台)等进行拨款资助,并与运输服务商如不列颠哥伦比亚公交公司等开展交通出行服务合作,从而与该省现有的交通体系更好地衔接(Bains, 2017; Gov. Of BC, 2017)。史密瑟斯市和摩利斯镇之间的第一条客运线路于2017年初开始运营,当年6月增加了两条线路(伯恩斯湖到乔治王子城;伯恩斯湖到史密瑟斯市)(CBC, 2017a)。

北部地区往往比较偏远,虽然这些地区的交通基础设施运营成本高(因为这些地区依赖于航空出行),但可以通过进一步吸引投资,来促进基础设施的发展(TC, 2016g, 2016h)。例如,对北部地区交通基础设施的投资可以带动当地交通出行和旅游(ICC, 2014)。无障碍交通使得在加拿大北部地区开发新的旅游目的地成为可能。交通发展也为土著更多地参与决策提供机会。例如,国际商会支持北极地区的交通发展,但也指出发展必须可持续,并应考虑对环境的影响(ICC, 2014)。由于与土著交通运输需求有关的数据基本无法使用,因此难以客观说明土著社区存在的交通出行障碍。由于土著社区的老年人面临特殊的出行障碍,因此需要在这一领域开展更多研究。还需特别强调的是与土著协商对于制定相关措施解决交通出行障碍的重要性。

第三节 从航站楼和车站到交通工具

机场航站楼和车站的手续办理区往往会让人感觉压抑。这些区域通常又大又嘈杂,往往人员众多,且充斥着大量视觉信息(Mein *et al.*, 2014)。这种环境可能会令人失去方向感并感到恐惧,使得包括老年人在内的出行者在查找路线时遇到困难。这种环境也可能需要出行者长距离步行或长时间站立。虽然本节中提出的许多出行障碍来自与航空出行相关的研究,但这些问题同样适用于其他交通方式,因为无论乘坐何种交通工具,办理乘机手续和乘坐交通工具的过程是类似的。

一、查找路线

根据老年出行者的特定需求,定制客户服务和帮助计划,按需提供服务,可以使老年人出行更加舒适、方便、无障碍程度更高。当航站楼、车站服务人员不足时,出行者可能更难以弄清购票以及上下机(车)的流程(CCD, 2016)。语言也可能成为出行障碍,因为那些不会说英语或法语的老年人可能难以与航站楼和车站的票务代理或工作人员进行沟通。在查找路线时遇到的另一个障碍,可能是工作人员或志愿者存在对老年人的歧视问题。确保信息问询处的工作人员都经过培训,能够进行恰当、有礼貌的沟通交流,可以在很大程度上减少老年人出行障碍,方便乘机手续办理(Mein *et al.*, 2014)。

设立机场或车站助理,也有助于提供创新性、老龄友好型的客户服务,他们通过提供相关信息并协助查找路线和办理登机手续,使老年出行者能够更好地使用交通运输体系,并感觉更加舒适。这些益处在由美的案例中也得到了证明。温哥华国际机场的绿外套计划(YVR Green Coats program)和卡尔加里国际机场的白帽子计划(YYC White Hats program),是加拿大机场或车站助理帮助旅客查找路线方面的案例(YVR, 2011; YYC, n. d.)。温哥华国际机场的绿外套助理计划,是通过成立一个普通客户服务和机场迎宾志愿者小组,提供旅行和交通方面的信息和帮助(YVR, 2011)。绿外套志愿者需要接受强制性培训,了解温哥华机场的所有设施和服务的信息,以及温哥华和不列颠哥伦比亚省其他旅游目的地的信息。志愿者必须热情、友好、积极主动地为乘客提供帮助。绿外套志愿者可以帮助包括老年人在内的所有出行者,帮助其解决查找信息和路线方面的出行障碍,从而增加出行的便利性,减轻出行压力(YVR, 2011)。遗憾的是,衡量机场或车站助理计划是否有效的相关指标尚未公开。

如第四章第二节所述,欧洲的机场负责为残疾的乘客提供从到达航站楼到离开机场的全过程不间断服务(Frye, 2015a)。帮助服务从机场周边的指定服务点(如长期停车场、火车站和公共汽车站)或已划定的即停即离区开始,为出行者提供额外帮助(Frye, 2015a)。重要的是,不间断服务还协调安排上下车援助,这对独自出行或携带沉重行李的旅客尤其有用。

由美(73 岁),不列颠哥伦比亚省

在确定出行日期之后,由美打算了解一下如何一个人前往西雅图。她打电话给客户服务热线,询问前往温哥华火车站的公交车路线,得知有一趟公共汽车可以直接将她送到火车站前。在

那里，她还希望可以询问火车行程。

第二天，当由美乘坐公共汽车到达火车站下车后，她发现火车站非常大，感觉有些不知所措。一名身穿绿色背心的年轻女子向由美走了过来，询问她是否需要帮助。得知这是由美第一次坐火车之后，这名志愿者带由美前往售票区。售票员回答了由美的所有问题，包括边境禁止的食物，并在由美期望的出行日期搜索最低票价。由于由美可以享受老年人折扣优惠，并且在非高峰时段出行，购买的双程票比她预期的票价更便宜，这让她很高兴。由美购买了两周内往返的双程票，并要了行李寄存区附近一个靠窗的座位。售票员告诉由美，她的火车票附赠了出行当天免费往返火车站的公交车接送服务。售票员将美里的手机号与由美的火车票进行了关联，将会向美里发送所乘火车的到达时间等动态信息的短信提醒。由美松了一口气，这样她就不必在美国境内使用手机了。售票员将火车票，以及一些行李托运指南插页和一个快速过境指南手册一并交给了由美。售票员在火车票上指出了她要乘坐的车次，并告诉她如何通过大型电子显示屏查看火车停靠站台。当由美走向公共汽车站时，她注意到每个站台都有大型标志显示站台号码，这让她对此次乘坐火车出行充满信心。

在由美出发当天，她乘坐公共汽车到达火车站。进入车站后，她先走到电子屏查看她的站台号。在看到火车即将从3号站台出发后，由美按照标志前往3号站台。在那里，她看到火车上的标志显示“西雅图”，随后凭票登上火车。一名乘务员扫描由美的火车票，并帮助她找到座位。由美很高兴火车有平台翻板，这样她不需要帮助就可以将行李拿上火车并放到行李存放区。由美很享受这次火车旅行，在欣赏旅途风景的同时，吃着自己准备的午餐。由于准备充分，由美顺利通过了边境检查。当火车抵达西雅图时，由美收拾好行李箱走下火车，跟随其他乘客到达出站口。在那里她看到了接送区的标志。她走近接送区，激动地看到美里正下车来迎接她。

二、使用信息通信技术办理登机手续

当前，用于办理多种服务（例如办理登机手续和购票）的自助式触摸屏服务机越来越多，这可能对感官受损的人构成障碍，因为这些人可能难以在大而嘈杂的航站楼和车站中，浏览信息屏幕或识别音频指令（Mein *et al.*，2014）。对于那些身体或感官能力受限的人来说，这种自助式触摸屏服务机也会是一种障碍（CCD，2014）。此外，对这种自助式触摸技术不熟悉或不习惯，也可能使众多老年人压力倍增，以致一些出行者更喜欢直接与人沟通。

三、携带行李、辅助器具和医疗设备出行

目前，加拿大国内的航空公司会向乘客收取行李托运费。这对可能需要携带各种辅助器具、设备和健康用品（CCD，2014）以及携带行李有困难的老年出行者构成障碍。由于助行器具的尺寸和重量较大，而支线飞机的尺寸不断缩小，可能会使得某些轮椅类辅具难以通过机门或放入行李舱（CTA，Expert testimony，2016）。

加拿大的无障碍标准明确规定，出行服务提供商必须对乘客所携带的助行器免费托运（CTA，2015b）。出行服务提供商或机场管理部门、车站运营商还应提供旅行专用的助行器，例如轮椅、小型摩托车、手杖和助行器，专门设计用于航站楼、车站和运输工具内，以便提升其无障碍性，方便出行者换乘不同交通工具。例如，有一类用于帮助有行动障碍的出行者在航站楼和车站内通行的机场轮椅，在轮椅内设有一个大的行李存储空间（Staxi，n. d. -a）。还有一种登机椅的设计，其通过使用前端和后端升降系统，将乘客安全地运送到飞机上（Staxi，n. d. -b）。一个具有包容性的无障碍体系，要求在航站楼和车站中提供足够的设备，以便所有出行者在需要时可以使用。

四、安全检查站

在某些情况下，特别是在乘坐飞机时，出行者必须在办理登机手续后通过安全检查（或在办理登机手续之前，在抵达航站楼和车站前，检查点就设在设施周边）。老年乘客可能会在这些地方遇到许多障碍，例如长时间站着排队等候，将个人物品和衣物脱下并将其放入一个小框内，将行李搬上搬下扫描传送带，并走过乘客安检扫描设备（Mein *et al.*，2014）。在美国，美国运输安全管理局培训了一批被称为乘客支持专家（Passenger Support Specialists）的专业工作人员，在机场安检过程中为需要帮助的出行者提供现场协助（TSA，n. d.）。员工培训由“门户开放组织”（Open Doors Organization）提供，该组织致力于为残疾客户服务提供培训（ODO，n. d.）。虽然加拿大航空运输安全局在一些机场设立了家

庭和特殊需求通道（CATSA, nd-a），但还需提供适用于老年乘客服务的专业员工培训和无障碍信息，并长期为老年人提供专门通道，老年人在此处可以坐下休息。

五、航站楼和车站导航

在航站楼和车站内，乘客通常需要长时间步行且上下楼梯，这对一些老年出行者来说是一个很大的障碍。目前在加拿大，对航站楼和车站的设计并未受到联邦监督管辖，因此各地缺乏一致性。这些障碍可以通过设计标准来解决。规划设计标准建议最大的无辅助行走长度约为300m，但老年人在不到300m的距离内也会感到疲劳（Mein *et al.*, 2014），会增加绊倒和跌倒的可能性（Mein *et al.*, 2014）。尽管已经采取了诸如设置自动人行道等措施，但它们也可能给疲惫的出行者带来绊倒和摔倒的危险，老年人尤其容易受到伤害（Nicolson, 2008）。有些为了帮助老年人在各种公共场所找路而进行的改造，可能会对老年人带来额外的危险。例如，安装触觉盲道可以提示危险，并为视力受损者指示行进方向（Faruk *et al.*, 2008），但同时也降低了老年人步态稳定性（Pluijter *et al.*, 2015），因此这在公共场所不是一种包容性的手段。

使用电动车是代步的常用方法，但并不能随叫随到（Mein *et al.*, 2014）。可以利用电动车在航站楼和车站内形成微型公交系统，使出行者无需长距离步行（Mein *et al.*, 2014）。重要的是，这一微型公交系统有公开的运营线路时刻表，或者可以提前预订，以便老年出行者在规划行程时，将此服务纳入计划。通过在航站楼和车站，以及洗手间和休息区内设置充足的座位，可以使得交通基础设施更具包容性和老龄友好性。为了对老年出行者有所帮助，特别是在经历安检排队等令人疲惫紧张的过程期间或之后，应该提供舒适座椅，座位应较为宽敞，高度适中，且配备扶手，以便为老年人在就座和起身时提供辅助支撑（WHO, 2007；Mein *et al.*, 2014）。纽约城市座椅计划（The City Bench NYC program）由纽约市公共交通局运营，旨在提高公交车站和老年人高度集中区域的公共座椅密度和充足性（NYC DOT, 2017）。重要的是，该计划确保座椅的位置符合适用安全和工程标准，例如座椅间隙以及与周边基础设施的距离（NYC DOT, 2017）。虽然没有关于该计划有效性的评估数据，但其相关规定和基础设施是在老龄友好、包容性设计的背景下制定的，并得到了世界卫生组织老龄友好城市倡议的认可(AFNYC, 2013)。在加拿大,诸如摩克斯—赫尔默肯绿道计划(Comox-Helmcken Greenway initiative)等项目,正在评估沿人行道和走廊为老年人设置座位的重要性(Frank&Ngo, 2016)。

在机场航站楼和火车站,出行者往往需要上下不同楼层,并且可能会使用直梯或自动扶梯。直梯可能因位置不佳(例如,在走廊的尽头)而较难被发现,对于想要乘坐直梯的出行者来说,可能会增加他们的步行距离。解决措施是可将相关设施都放在一起,使得直梯、自动扶梯和楼梯都位于航站楼和车站中的相同位置。使用自动扶梯也存在特定的障碍,与其他年龄群体相比,老年出行者乘坐自动扶梯受伤的风险更大(Nicolson, 2008),且乘坐自动扶梯无法携带助行设备。国际民用航空组织(ICAO)规划手册针对这一问题指出,直梯或坡道是适用于楼层变化的首选方法(Mein *et al.*, 2014)。机场管理部门也开始认识到这种危险,并用大容量的直梯取代现有的自动扶梯。例如,伦敦的希思罗机场5号航站楼使用大容量直梯组,形成了一个垂直运输体系(Mein *et al.*, 2014)。

乘客在航站楼和车站里通行时,必须能够看到指示信息。航站楼和车站内可能有大量目的地,包括多个登机门或检票口、零售店、餐饮店和洗手间。这可能导致标志牌和信息过多(Mein *et al.*, 2014),对于寻找登机门或检票口的乘客而言,这是一种潜在的障碍(Kazeminia *et al.*, 2015)。很多机场为节能而降低了照明,由于视力通常会随着人体衰老而下降,导致老年人在航站楼和车站内找路更加困难。我们认为,确保充足的照明这一问题可能很复杂,因为亮度需要与眩光等问题相平衡。此外,在外出环境中老年人对于照明的需求与其他年龄段的人也有不同(Fujiyama *et al.*, 2007)。目前已经开发出各种使用视觉或音频标志的方法,方便不同需求的出行者获取信息。例如,用小写字母(含一定比例的大写字母)、大号无衬线字体书写在哑光表面的高对比度标志,来增强信息对于所有出行者的可读性(UNDP, 2010)。

普通个人设备(例如手机和平板电脑)中的信息与通信技术,也可用于帮助乘客在航站楼和车站中寻路。用户友好型的技术,如蓝牙低功耗(BLE)信标和基于GPS的手机应用程序,可以帮助出行者查找路线(专栏4.2)。如果航站楼和车站能够提供免费且不限流量的无线网络,则这类应用程序将更易于使用。

专栏4.2 个人设备中的信息与通信技术可以帮助查找路线

在公共空间(例如航站楼和车站)里配置蓝牙低功耗信标系统,可以使用蓝牙与移动电话相连,提供关于周边环境的声音和视觉信息,例如地标、危险物和标准视觉指路牌上包含的信息(Newman, 2014)。信标系统技术需要机场管理部门、公交车站或火车站运营商在航站楼和车站内进行投资和安装。

例如,在一个手机 GPS 应用程序中,可以提供分步骤的查找路线指导和地标信息,进行实时跟踪,具备无障碍视听功能,以及定制化的出行选项(AbleData, 2016; AbleLink, n. d.)。该应用程序有望为患有智力障碍的人士提供出行帮助(Davies *et al.*, 2010),截至 2017 年 4 月,该应用程序的售价约为 465 美元(AbleLink, n. d.)。

另外一种手机 GPS 应用程序已被加拿大国家盲人研究所认定为无障碍技术(CNIB, 2015)。该应用程序可以用语音描述用户周围的情况,并帮助他们提前计划好行程安排。该应用程序也开始使用信标技术,以便在安装了信标定位系统的建筑物中更好地进行导航(CNIB, 2015)。截至 2017 年 4 月,购买该应用程序的费用约为 53 美元(iTunes, 2017b)。

此外,还有其他技术和应用程序也可在建筑物中提供查找路线帮助。例如,两个电子设备之间的近场通信(NFC)可用于制作基于 NFC 技术的室内导航系统,使用户能够通过触摸 NFC 标签在建筑物中获得导航服务(Ozdenizci *et al.*, 2015)。

信息通信技术并非一定要与个人设备相关联。例如,触控式语音地图可提供多感官 3D 地图,通过盲文和(或)与周边环境的空间布局进行触觉交互来查找路线(图 4-2),并在特定地点发出触摸响应语音信息(I-DeA, 2014)。上述技术正在开展可用性研究,以确保其有效性(IDeA, 2014)。

在航站楼和车站中通行时,缺少洗手间或无障碍洗手间,可能会对老年出行者带来麻烦。洗手间内的空间可能太小,无法容纳出行者及其行李,造成不便。很多洗手间不符合包容性设计原则(Mein *et al.*, 2014),因此并不适用于所有出行者。此外,洗手间应该分布在整个航站楼和车站的多个显眼位置,并且应具有明显的标识。

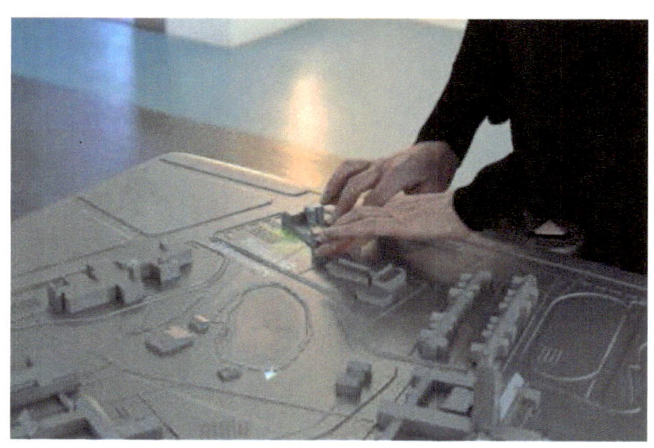

经布法罗大学包容性设计和无障碍环境(IDeA)中心许可转载

图 4-2　多感官地图

注:由触摸图形公司(Touch Graphics, Inc.)和布法罗大学的包容性设计和无障碍环境中心开发的多感官地图。

六、在登机口和登机车辆处等候

许多登机口的座位数量有限,这对老年出行者来说是一个较大的困难,因为他们在抵达登机口时往往更容易感到疲劳。如果空间不够宽敞,尤其是当出行者使用助行器时可能会阻碍过道,在多排座位之间穿行也可能是一种挑战(Mein *et al.*, 2014)。如果座位没有扶手或座椅高度不合适,就座和起身也可能存在障碍(Ions, 2014; City of Ottawa, 2015)。在登机之前,登机口往往通过扬声器进行广播,这可能不利于那些听力受损的人(Mein *et al.*,2014)。此外,相邻登机口之间的广播声音可能会重叠,使得出行者更难听清广播内容。如前所述,登机广播等出行相关信息,应该同时由声音和视觉信息组成,以实现普遍无障碍性(Mein *et al.*, 2014; CCD, 2016)。通过减少背景噪音,提高播放速度和音量标准,可以提高广播的可听度。例如不列颠哥伦比亚轮渡公司(BC Ferries,2016)在其轮渡上改装的环形助听系统,使用电磁信号来增强佩戴助听器或植入式助听器的乘客的听力(并降低环境噪音),这通常不需要增加额外的设备(HLAA, 2017)。多伦多的一个公交站也已安装了环形助听系统,并获得了积极的反响(CBC, 2011)。

第四节 乘坐交通工具

登上交通工具,在内部落坐或走动,可能会给老年出行者带来挑战。通过加强联邦法律对各种交通方式的水平乘降要求,可以改善加拿大的出行无障碍性。美国要求航空公司和机场运营商合作,确保为乘客提供水平乘降(最小的机场除外)(Ashby, 2015)。加拿大则没有此要求,很多轨道车站也缺乏水平乘降设施(CTA, Expert testimony, 2016),这意味着列车地板的高度会高于站台的高度。一些有人值守的车站配备了站台登车梯,有些轨道列车配有内置梯子,但是仍有大量车站无人值守和(或)没有电梯(CTA, Expert testimony, 2016)。即使有登车梯,乘客和大型助行辅具的总重量也可能超过登车梯的承载能力(CTA, Expert testimony, 2016)。《美国残疾人法案》(Americans with Disabilities Act)规定必须实行水平乘降,美国所有新建的轨道列车都必须为无障碍车型,并且自 1995 年起,每列列车必须有一节车厢为无障碍车厢(Ashby, 2015)。

根据《城际客运法规》(the Intercity Bus Code),乘坐城际客运出行应提前 48h 告知,以确保能够乘坐无障碍公交车在加拿大城际出行(Ashby, 2015)。为进一步确保获得乘车协助,需要提前 24 ~ 72h 告知(Ashby, 2015)。因此,需要无障碍公交车出行服务的乘客必须进行额外预约。夏洛特和弗朗索瓦(Franyois)的案例表明,城际客运具备的无障碍性提升了出行体验。

提升无障碍性带来的直接和间接收益,可以降低水平乘降的改造成本(Karekla *et al.*, 2011)。通过对伦敦地铁站提高站台高度和增加地铁出入口宽度项目进行成本效益分析的结果表明,由于乘客上下车的时间更短,降低了地铁的运营成本,缩短了行程时间,使得这种改造更具经济性(Karekla *et al.*, 2011)。

随着飞机座椅密度和座位利用率的提升(Sorensen, 2013; MIT, n. d.),可能没有足够的过道空间让乘客走到座位或站起来活动,无法为使用助行设备的乘客提供便利。但增加扶手杆等设施,可以在一定程度上让行动不便者在整个受限空间内走动(CTA, 1998),能够极大提高交通工具的无障碍性。同样重要的是,还需有足够的空间使得助行工具得以安全存放。在专栏 5.4 中,美国交通部无障碍航空运输咨询委员会的建议,提供了一个良好的示范,使飞机上的厕所和娱乐系统的无障碍程度更高(DOT, 2016a)。

在乘坐交通工具时，无法找到该交通工具的相关信息，也可能会成为一种困扰。了解交通工具上卫生间的位置，以及在哪里可以找到当前和下一站的信息，都有利于舒适、无压力地出行。在出行前上网查看车辆布局图，可以使出行者提前了解卫生间等重要设施的位置。通过将标识信息的位置标准化（例如，在公共汽车或火车的车门左侧适当位置标识），可以使得所有乘客都能够准确了解当前路线以及下一站信息（Worsfold & Chandler, 2010）。如第四章第三节所述，交通工具上应同时配置听觉和视觉广播设备，以便乘客清楚地听到和看到。

夏洛特和弗朗索瓦（84 岁和 86 岁），魁北克省

夏洛特希望在当地老年人中心找到有关公交出行的信息。该中心的一名工作人员帮助她浏览公交公司的网站，并为她和弗朗索瓦预订了车票。得知在购买车票时可以预订乘车帮助服务，并无需额外支付费用时，夏洛特很高兴。她还可以将其车票信息关联到她女儿凯洛琳的手机上，以便让凯洛琳随时知晓车辆的延误情况和到达瓦多尔的时间。

在出发当天，雪下得非常大，社区志愿者驾驶员到夏洛特和弗朗索瓦的家来接她们，并帮助他们搬行李。到达汽车站后（位于当地加油站），夏洛特和弗朗索瓦到柜台取票。收费员告诉他们，由于天气原因，汽车将延误 15 ~ 30min，但他会随时告知他们车辆的到达情况。夏洛特和弗朗索瓦坐在室内等候区，此时志愿者驾驶员卸下行李，向收费员办理行李寄存。收费员妥善地保管行李，直到车辆到站。车辆比原计划晚了 25min 到站，但收费员在车辆抵达前 5min 就通知了夏洛特和弗朗索瓦，让他们来得及为上车做好准备。当汽车到站时，驾驶员从车上走下来，因为她已提前得知在该站上车的乘客需要特殊帮助。在把夏洛特和弗朗索瓦的行李装上车后，驾驶员启动电梯升降系统，使夏洛特和弗朗索瓦乘坐助行器和使用手杖安全地上了车。驾驶员帮助夏洛特和弗朗索瓦在她身后宽敞的预留座位坐下来，并指出垃圾桶、下拉式食物托盘、附加扶手以及厕所指示灯（显示厕所是否在使用中）的位置。驾驶员还指出了电子显示屏的位置，屏幕上将显示下一站的信息，同时她还将通过扬声器播报每站的站名。

由于下雪,汽车行驶缓慢,幸好夏洛特从家里打包了午餐,因为这次行程可能需要花费 3.5h 以上。弗朗索瓦时不时需要抓住扶手杆站一会儿,以免四肢僵硬,由于车上过道宽敞,夏洛特可以使用她的助行器去往洗手间,并利用扶手支撑身体。在她们即将到达瓦多尔时,已经比预计时间晚了 1h。通过广播通知和电子显示屏的提醒,夏洛特和弗朗索瓦得知下一站是“瓦多尔”。车辆到站后,驾驶员帮助他们使用电梯升降系统下车,此时卡罗琳正兴奋地向她们挥手(在被告知这趟车延误后,卡罗琳在 10min 前才到达车站)。

第五节 换乘交通工具

本书第四章第三节阐述了各类出行障碍和解决方案示例,在不同交通工具之间换乘时也是类似的(例如,长距离步行、洗手间的位置及无障碍性,以及寻找下一个登机口或检票口的能力)。获得正确的换乘信息,对于一些出行者来说也是具有挑战性的。移动通信技术可以使人们通过手机获得实时出行提醒等信息,包括出行信息变化的实时更新(例如车辆延误、登机口更换等),从而缓解出行压力。在航站楼和车站中使用无障碍信息标志和广播,是传达上述信息的一种方法,手机提醒还可为个性化和按需索取相关出行信息提供额外选择。确保新型应用程序(例如出行提醒应用)得到使用的一个重要措施是,在航站楼、车站和交通工具上提供可自由使用的无线网服务。东日本铁路公司(East Japan Railway Company)为乘客提供的手机应用程序(专栏 4.3),就是采用这类技术的一个案例。

在出行过程中换乘不同交通工具,可能会格外麻烦。完善便于乘客换乘的基础设施,对于保障“门到门”无缝出行非常重要。如果所要换乘交通工具的航站楼或车站不在同一地点,乘客在其出行过程中将会不断遇到第四章第三节所列出的困难。通过建设交通枢纽,乘客可以便捷搭乘多种交通工具。在发展多式联运基础设施方面,欧洲是公认的佼佼者(Oxford Economics, 2014);欧洲的机场往往也是交通枢纽的一部分,往往在航站楼的正下方就设有火车站。例如,在阿姆斯特丹史基浦机场(Amsterdam Airport Schiphol),史基浦广场(Schiphol Plaza)设有地面交通工具(如火车、出租车、公共汽车和租赁汽车)供出行者选择,与机场的到达大厅相连，步行一小段(3min)并乘坐轮椅可用的无障碍直梯即可到达(AMS, 2017a, 2017b)。加拿大幅员辽阔，且存在多个交通运输管辖区，这对建立多式联运枢纽构成了挑战，但加拿大在这方面也有好的范例，如为温哥华国际机场提供服务的温哥华轻轨(TransLink, 2017a)。在出行过程中换乘交通工具，遇到的另一类麻烦是需要购买多种类型的票。统一售票(如第四章第一节所述)能够使这个障碍最小化，乘客可以在航站楼和车站购买不同交通工具的车票(例如在机场可以购买公交车票)。

专栏4.3　东日本铁路公司利用手机应用程序推送列车运营信息通知

东日本铁路公司的手机应用程序通过自动或“推送”通知，提供有关列车时刻和延误的最新信息。该手机应用程序还能提供显示出用户在站内位置的互动式车站地图，这与大多数导航软件不同。其他软件往往专注于提供室外公共导航，但在室内环境中几乎无法发挥作用。在最繁忙的铁路线上，通过安装信标来向该应用程序平台上的用户提供列车状态相关数据，例如拥挤程度和温度。用户还可以获知特定车厢在每个车站沿站台停靠的位置，以及车厢距离各种便利设施的远近，例如换乘点、售票柜台和自动扶梯等。因此，该应用程序可以让乘客了解列车的实时信息，并帮助他们根据个人偏好和需求做出决定。

(Sakamoto, 2014)

第六节　行程结束后

在乘坐交通工具抵达目的地后，乘客从到达口到行李提取处的过程，会出现类似于出发大厅和出发站遇到的问题，例如长距离步行、查找路线困难以及自动人行道和自动扶梯造成的危险(Mein *et al.*, 2014)(第四章第三节)。此外，到站后出行者最常使用的设施是洗手间，可能会因为空间太小，无法容纳出行者和行李，而造成不便。这些在洗手间遇到的麻烦，在所有交通工具以及出行过程中的多个阶段都会发生。

在行李传送带旁等候，可能需要乘客长时间站立，这对那些疲惫不堪或因身体状况(例如，膝盖或腰部问题)不便站立的乘客来说困难会更严重。从行李传送带取回行李可能非常费力,特别是在行李传送带非水平的情况下(Mein *et al.*, 2014)。一些新建和改造的机场正在安装水平式行李领取装置,使用这类传送带,出行者不需要将行李抬过边沿(Mein *et al.*, 2014)(图4-3)。

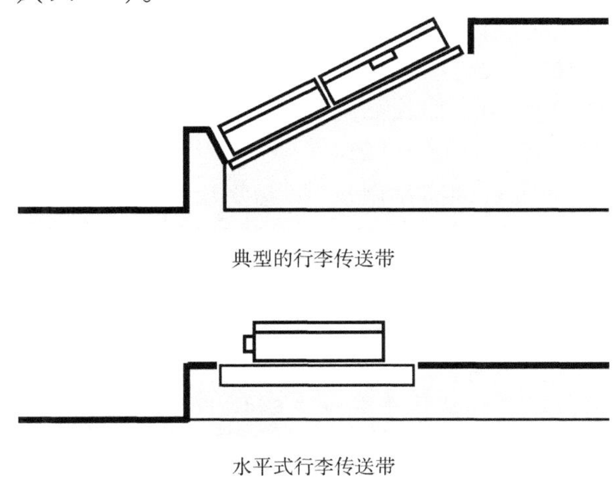

图4-3 斜板式(典型的)和水平式行李传送带

注:相对于典型的斜板式行李传送带,乘客从平板式行李传送带领取行李更容易,也更便于使用。

乘客在乘坐火车和长途汽车出行时,在取行李环节也会遇到困难。可能没有足够的乘务员来帮助乘客从顶部行李舱取下行李,或将行李拎到站台上,而在下车时可能会需要下楼梯。同样地,乘坐长途汽车的乘客可能需要驾驶员的协助,才能将存放在车辆下方行李舱内的行李取出,并放到站台上。火车和长途汽车公司可以安排工作人员提供行李服务,使他们的服务更具包容性,并扩大他们的客户群体。

所有交通方式的到达大厅,都可能无法为等待私家车、出租车、公共汽车或班车接送的乘客提供充足的室内座位(Mein *et al.*, 2014)。乘客会在恶劣的天气中于户外候车,这在加拿大并不罕见。有时可能有多辆班车停靠同一站点,使得乘客很难找到正确的站台或停靠点(Mein *et al.*, 2014)。在行程的最后阶段,往往也会遇到难题,因为乘客携带了行李,并且可能已在旅行中感到疲惫。依照包容性设计原则设计宽敞的到达大厅,会提供充足的座位和清晰的标志牌,可以在该阶段为乘客提供帮助。无论是通过私家车、出租车、城市公交、共享出行、志愿者出行服务还是其他交通方式、手机导航和行程规划软件都可以通过提供个性化指导(例如,专栏4.2),从而帮助乘客完成行程。

第七节 认知差距和结论

目前,在加拿大有一些关于无障碍性和残疾人出行障碍的相关数据,但对于使用加拿大交通运输体系出行的老年人的投诉或经常遭遇的问题,则缺乏相关资料。能找到的现有研究重点,主要是乘坐飞机出行的老年人(例如,Mein *et al.*, 2014)。尽管坐飞机可能是最昂贵的出行方式,但任何交通方式的高昂票价,都会使众多依赖固定收入的人望而却步。缺乏飞机以外交通方式的相关数据和资料,这对于专家组的研究提出了挑战,因为交通部要求研究联邦政府管辖的所有交通方式。尽管如此,第四章中提出的许多通用做法,也可以应用于所有交通方式,以改善无障碍性和出行体验。

创新性交通变革和新技术通常不会在同行评议期刊或非正式出版物中发表。这并不奇怪,因为许多此类创新都是受产业利益驱动,可能希望保护商业秘密,或通过其他方式(例如行业会议、广告)传递信息。这就导致我们难以对创新实践和产品,及其发展历史和有效性下定论。即使我们发现了此类创新,也很难找到合适方法来评估客户满意度、出行者体验的改善或服务的接受度。此外,对于创新技术或项目一旦实施后能否产生积极影响,也缺乏相应数据和资料。例如运输合作研究计划(TCRP)和机场合作研究计划(ACRP)等研发团队,均由美国运输研究委员会(TRB)管理。这些研发计划会资助与创新交通技术相关的研究项目(TRB, 2017a, 20l7d),加拿大城市交通协会(CUTA, n. d.)和美国公共交通协会(APTA, 2017)等协会也负责此类资助。这种类型的研发项目将会在第五章进一步讨论。

乘坐城际客运的乘客往往是老年人,以及没有其他交通方式选择且财力有限的学生(Council of Deputy Ministers, 2010)。鉴于相关数据缺乏,有必要对乘客在乘坐城际客运出行中遇到的障碍开展进一步研究。在老年人交通工作组编制的曼尼托巴省农村社区交通运输报告中,指出了对于农村或偏远社区老年人未被满足的交通需求,缺乏相关研究(Sylvestre *et al.*, 2006)。生活在更偏远地区的土著面临着特殊的交通出行困难,而这些出行困难如何影响该地区的老年人,则缺乏相关数据。最后,对于老年人乘坐轮渡出行障碍的数据和资料也很少。

在出行过程中,老年人可能会遇到与年龄歧视、出行偏好、身体、感官和认知能力,地理位置和收入相关的出行障碍。表 4-1 总结了老年人在“门到门”出行过程中遇到的障碍和解决措施。出行时感到安全有保障,对于老年人继续使用交通运输体系至关重要。这些障碍可能会在人们选择或避免使用交通出行方式中发挥重要作用。因此,通过采用本章中提供的示例和措施,有利于创造一个对所有人都具有包容性的交通运输体系。通过交通出行解决方案增加出行人数,也有利于带来经济机会。改善加拿大各地的联邦运输服务,可以开辟新的无障碍旅游目的地,从而带来额外收益。由于提升了无障碍性,这些旅游目的地可以重点发展面向老年人的服务和旅游,为旅游业和农村或偏远地区等交通不便的地区提供经济机会。

“门到门”出行中的障碍和减少出行障碍的措施 表 4-1

出行阶段	出行障碍	使障碍最小化的措施	负责实施的主体
规划行程	行程规划	为老年出行者提供有针对性的出行服务 无障碍信息服务中心 为希望通过电话或面对面沟通行程规划的乘客,提供以人为本的信息服务 提供联合或统一售票	交通运输服务提供商 旅游行业 消费者
	搬运行李	行李托运服务,允许“门到门”行李托运	交通运营商和服务提供商
	缺少出行同伴	老年人团体游	旅游行业 消费者
从家到航站楼和车站	道路标识牌的指示	清点道路标志标牌,去除多余的标牌 确保标识牌清晰、简洁,与周围市政使用的标志保持一致	交通运营商(例如,机场管理部门)
	在航站楼和车站停车	停车库或停车场的轮椅服务 用于寻找停车位的手机应用程序 在人行道存在水平变化处设置斜坡 通往航站楼和车站的标识标牌清晰一致	交通运输行业 交通运营商
	缺少城市交通服务	到航站楼和车站的城市公共交通线路 通过车辆改装、辅助技术和自动驾驶车辆,延长自驾车年龄 共享乘车服务 志愿驾驶员服务	市政府 交通运输行业 社区
	搬运沉重行李	行李托运服务 在停车库或停车场提供行李车	交通运输服务提供商 交通运营商

续上表

出行阶段	出行障碍	使障碍最小化的措施	负责实施的主体
从航站楼和车站到交通工具	在航站楼中查找路线	提供帮助:训练有素的工作人员或志愿者 辅助技术:使用 GPS 和信标的智能手机应用程序,触控式语音地图 清理多余的标识牌	交通运输服务提供商 志愿者 交通运营商 消费者
	技术使用	如果乘客在办理乘机/车手续时更喜欢与人打交道,则安排工作人员提供帮助 支持视频和音频的自助服务办理机 训练有素的志愿者协助乘客使用自助服务办理乘机/车手续	交通运输服务提供商 社区 志愿者
	站立、排队、上下楼和步行(引起疲劳)	提供充足的座位 在适宜的地方提供休息区(例如,在安检之后) 提供直梯,而不是自动扶梯或自动人行道 提供用于长途出行使用的电动推车 在航站楼和车站内,设计更短的路线(减少上下楼)	交通运营商
	安全检查站	老年乘客专用通道 在安检过程中提供帮助服务 在安检站后提供安静、独立的休息区	加拿大边境服务局/加拿大航空运输安全局
	登机/上车前	在候机/车休息区,设有宽敞的过道和舒适的座椅 音频和视频非重叠的登机/乘车广播	交通运营商 交通运输服务提供商
乘坐交通工具	登机/上车	为受联邦政府管理的交通方式提供水平登机/上车服务	政府
	座位	在所有交通工具中,为各类有机动性需求的乘客设计独特的座椅	交通运输服务提供商
	助行设备	提供可在交通工具内使用的助行设备 在交通工具上安全存放暂不使用的助行设备	交通运输行业 交通运输服务提供商
	获取信息的能力	通过音频和视频提示同时播报重要信息(例如,下一站信息)	交通运输服务提供商
	洗手间	根据 ACCESS 指南设计的包容性、无障碍卫生间	政府 交通运输服务提供商

续上表

出行阶段	出行障碍	使障碍最小化的措施	负责实施的主体
在不同交通工具间换乘*	换乘下一段行程	具有实时出行信息提醒的手机技术 更好的导航信息(例如通过手机应用程序,使用地图和交通枢纽内的其他通讯形式) 依托航站楼和车站建设综合交通枢纽,在同一地点衔接多种交通方式	政府 交通运营商 交通运输服务提供商
行程结束后**	提取行李	行李提取区设有充足的座位 水平式行李传送带 在需要时提供行李帮助	交通运营商 交通运输服务提供商
	从航站楼和车站到目的地	提供将行李托运至目的地的行李服务 提供室内的到达等候区 到达目的地的城市交通选择(以无障碍方式提供信息):城市公共交通,共享乘车或志愿驾驶员服务,个人车辆改装	交通运输服务提供商 交通运营商 市政府

* 在“从航站楼和车站到交通工具”一栏中所提及的一些出行障碍和解决措施,在“不同交通工具间换乘”也会涉及,但为简洁起见,不再重复叙述。

** 在“从家到航站楼和车站”一栏中所提及的一些出行障碍和解决措施,在“行程结束后”也会涉及,但为了简洁起见,不再重复叙述。

尽管本章中讨论的一些出行障碍只适用于某些交通工具,或在乘客身患残疾或有偏好的情况下才会遇到(例如较大的助行设备不适合通过飞机门),但其他出行障碍则更为普遍(例如通过网站和手机软件预订行程相关的障碍)。本章讨论的出行障碍并非都与联邦交通运输体系直接相关,但它们会影响一些老年出行者使用该体系的能力。虽然老年人是一个多元化的群体,并且遇到的出行障碍因个人情况大不相同,但针对这些问题的解决方案广泛多样,例如在建设新的基础设施时可以采用包容性设计,这将在第五章进一步讨论。

第五章

付诸行动

- 交通运输研发与创新
- 加强人力和社会资源建设
- 促进技术和基础设施建设
- 推进政策体系建设
- 认知差距和结论

第五章 付诸行动

主要结论

- 支持加拿大建设包容性交通运输体系的 3 条主要路径分别是:加强人力和社会资源建设、促进技术和基础设施建设以及完善政策体系。
- 跨学科、跨行业的研究表明,创新是实现这 3 条路径的基础,这种模式将涵盖政府、行业以及包括老年人在内的所有利益相关方的需求。
- 通过在全行业范围内提供有针对性的老龄友好型出行服务专项培训,并通过广泛宣传教育,以确保老年人及其陪护者了解现有的出行支持服务,从而帮助老年人实现自主出行和独立出行。
- 定期开展交通运输体系对于包括老年人在内的相关群体的影响评估,将有助于包容性交通运输体系的建设、评估和持续改善。
- 联邦政府可以采取多种措施,促进老龄友好型的交通运输体系建设,从而满足老年人的出行需要,包括:
  - 加强对包容性的、多式联运的交通运输体系的基础设施建设和投资。
  - 把联邦无障碍交通标准从自愿实施标准上升为法律法规,这将有助于建立一个更具包容性的交通运输体系。
  - 对于那些旨在提升交通运输体系无障碍性的举措,政府应进行影响评估和监测,并定期公开监测结果报告。
  - 持续推进综合性的无障碍立法进程。

包容性交通运输体系所具有的优点不胜枚举,它使包括老年人在内的所有人群都可以实现无缝衔接的“门到门”出行。但是,建设这样一个交通运输体系并非易事。在第四章中,我们总结了老年人在“门到门”出行过程中遇到的障碍,同时也介绍了能够尽量减少这些出行障碍的各种可能举措。然而,建设一个包容性的交通运输体系,不能通过分散地采取这些举措来实现,而是需要从全局角度考虑其适应性——包容性的交通运输体系必须不断改进,因为随着一代又一代的人达到退休年龄,老年出行者的需求和喜好也将随着时间而改变。

本章探讨了提高加拿大交通运输体系的包容性和一体化的相关机制,从而使老年人实现“门到门”出行。这些机制都是为了支持实现下列目标:利用现有措施解决加拿大老年人面临的各种出行障碍;创造新的手段措施并更大程度地发挥现有措施的作用;建立一种不断改进、不断适应的行业文化,满足所有出行者的需求。我们通过总结交通运输和其他相关行业的经验做法,确定了 3 种有助于实现这些目标的路径:

- 加强人力资源和社会资源建设
- 促进技术和基础设施建设
- 完善政策体系。

开展跨行业和跨学科的研究、发展和创新(统称为“研发创新”),对于每种路径都非常重要。关于这 3 种路径与研发创新之间的关系,参见图 5-1所示。在本章中,我们首先概括介绍了在加拿大为支持交通研发创新而采取的行动措施,随后针对几个关键路径开展探讨,重点是各相关群体如何共同支持建设一个能够尽量减少老年人出行障碍的交通运输体系。

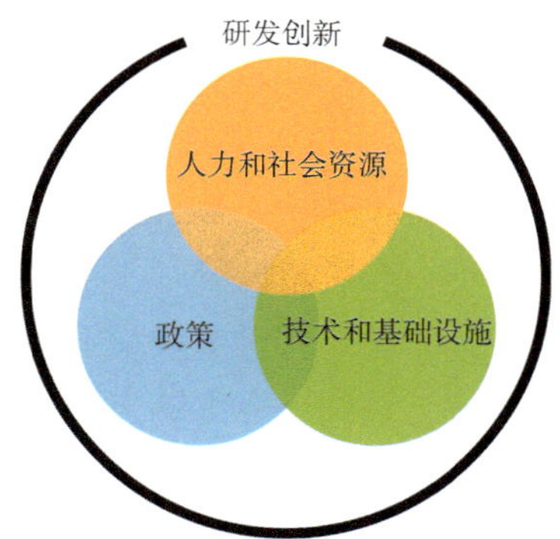

图 5-1 在研发创新的支持下,实现包容性交通运输体系的 3 条路径

注:研发创新是以用户为中心,为实现包容性交通运输体系的 3 条关键路径提供支持,包括加强人力和社会资源建设、促进技术和基础设施建设以及完善政策体系建设,这 3 条路径又反过来为研发创新提供信息和指导。

第一节　交通运输研发创新

研发创新不仅包括开发新技术和其他创新活动，还支持在实践中检验和实施通过研发得到的解决方案。由于这些解决方案不仅与老年群体的特殊性相关，同时也牵涉到交通运输体系的所有使用者，所以，研发创新还应支持对各种解决方案进行评估。开展评估至关重要，因为它是检验研发创新在实践中是否可行的唯一方法，也是衡量是否存在意外后果的唯一方法（以自动人行道为例，老年出行者在踏入和离开自动人行道时都非常困难，导致了新的麻烦）。围绕政策进行的研发创新，也可以支持在加拿大社会经济背景下有效制定和采纳相关政策。为了确保交通运输体系能够不断适应和进化，从而满足未来老年出行者的需求和偏好，持续开展研发创新显得非常重要。

一、推进加拿大交通运输研究生态体系建设

加拿大的交通运输研发创新工作由来自交通运输行业、政府机构以及大学院校的不同研究小组共同开展，其中的学术研究机构包括：

- 曼尼托巴大学交通运输研究所，致力于运输和物流领域的研究工作，通过支持公私合营模式促进向专业群体的知识传播（曼尼托巴大学，2016）；
- 多伦多大学与里贾纳大学联合提出了建立“协作式在线网络支持智能交通系统（ONE - ITS）”的倡议，该倡议认为应当支持软件和 ICT 开发，为协作式研发工作建立一个开放的网络平台（ONE - ITS, n. d.）；
- 范霍恩研究所隶属于卡尔加里大学、阿尔伯塔大学、萨伊特理工大学和阿萨巴斯卡大学。该研究所致力于在运输贸易政策、法律法规、创新和运营方面研究市场前景和机遇以及商业能力（Van Horne Institute, 2017）。

在 2017 年度预算中，加拿大联邦政府认可了研发创新和跨部门合作的重要性。该预算列出了若干项创新计划，其中包括建立协同式的跨部门研发超级集群，共同实现预期成果产出，并实现开放数据计划（加拿大交通数据中心），从而提供跨部门访问交通运输数据的权限（GC, 2017c）。为了更好地为政策制定提供支持，开放数据计划应包括与老年人自身相关的数据，捕捉这一人群所具有的差异性（即开放数据既包括单个出行者生成的“小数据”

(small data lab, 2017),也包括利用人种学定性研究方法生成的"厚数据"(Wang, 2013)。通过开发稳定的开放数据库,可能会促进开放数据的推广应用,如伦敦交通局利用这种方法进行开源数据开发(TfL, n. d. –a)。

在支持研发创新方面,联邦政府可以通过资助外部研究项目和政府机构开展相关研究,交通运输发展中心(TDC)就是政府研究机构的一个例子。交通运输发展中心由加拿大交通运输部建立,旨在利用跨学科方法进行交通运输研究工作,重点研究交通运输行业的安全性、保障性、效率和可达性,从而推进技术创新由概念和研究阶段到成果应用推广阶段,该中心的研究重点还包括政策、规划设计和法规等(TC, 2015)。交通运输发展中心等研究机构有助于提升加拿大在交通运输现代化方面的研发创新能力,这也是在 2017 年预算中提出的一项目标(GC, 2017c),即发挥政府促进作用并提供研究资金。此类研究中心或机构可以负责监督跨部门合作,并引导向相关行业或研究机构的未来直接投资,努力解决加拿大老年人所面临的出行困难。加拿大还可以寻求与国际交通运输研究机构开展合作,加强跨部门资源整合(专栏 5.1)。

专栏 5.1 世界各地的交通运输研发创新机构

美国交通研究委员会(TRB)隶属于美国国家研究委员会,接受美国国家科学院、美国国家工程院以及美国国家医学院的共同管理,TRB 是从事交通解决方案研究、咨询与监测的国家监督机构、研究中心和信息数据库(TRB, 2017c)。美国交通研究委员会资助多个合作研究计划,其中就包括以美国公共交通研发创新为目标的美国公共交通合作研究计划(TCRP)(TCRP, 2017; TRB, 2017d)。TCRP 确立的战略重点包括在交通运输体系中融入新技术,研究如何满足交通运输体系使用者的需求(TRB, 2017d)。美国交通研究委员会还资助了国家民航机场合作研究计划(ACRP),该计划针对机场相关问题解决方案(例如环境设计、政策、规划和人力资源)的行业研发项目,提供有力的资金支持(TRB, 2017a, 2017b)。ACRP 的资助项目包括研究生研究奖和大学设计竞赛(TRB, 2017a)。

欧洲也有类似机构,瑞典国家道路及交通研究所(VTI)就是其中一例。该机构致力于对所有交通运输方式的跨学科研究(VTI, n. d. -b)。研究所开办了交通图书馆,负责运行瑞典交通研究门户网站,并为国际合作研究数据库的开发工作做出贡献(VTI, n. d. -a)。

专家组认为,在加拿大建立一个能够最大程度地减少老年人出行障碍的交通运输体系,不是一蹴而就的事,也不可能通过分散地采取措施而实现。从对交通运输体系适应性的全局出发,有一种可能促成建立这样一个交通运输体系的机制,即成立一个由多个利益相关方组成的监督机构,由各级政府机构、交通运输服务提供商和运营商以及包括老年人在内的出行服务使用者等作为代表。此类机构可以帮助协调所有利益相关方的行动,协助巩固不断取得的进展,并发现那些阻碍制定有效解决方案的知识短板。而通过建立这样一类多元化组织,可以充分利用包括老年人组织等相关非营利性组织所掌握的信息,从而补齐这些知识短板。

二、以用户为中心的方法

充分考虑使用者体验的研发创新,能够支持技术、基础设施、培训和教育服务的设计创新,从而最大程度地减少目前老年出行者面临的出行困难。以用户为中心的方法有两种类型:

- 以用户为中心的研发创新是一种跨学科的方法,能够响应用户确认的需求(Iwarsson& Stahl, 2003; Von Eye &Wiedermann, 2015; Usability. gov, n. d. -a)。通过开展社会科学研究,可以了解老年出行者的期望和需求,寻找能够满足这些期望和需求的合理解决方案。
- 以用户为中心的研究方法包括通过需求评估来识别那些应当优先考虑的措施,而这些措施又会成为研发创新的目标;通过协同合作共同研究新的措施;衡量现有措施和正在研究中的措施是否可行;通过吸收采纳用户反馈的意见实现改进和提高(Kinzie *et al.*, 2002; Gulliksen *et al.*, 2003; Lofthouse & Lilley, 2006)。

上述方法应用于设计中时,可被称为"以用户为中心"(或者"以人为中心")的设计过程(W3C, 2004)。考虑到技术与用户服务在现代交通运输体系中的重要性,这种方法应重点考虑人与数字化以及人与环境的交互性。例如,开发一款能够提供最新航班延误详细信息的智能手机应用程序,应考虑用户的偏好以及用户是否会使用该程序。此外,在目标用户群体中,如果有些人没有智能手机,或者更喜欢通过人与人之间交流互动的方式获取信息,那么就仍然需要提供一些其他的客户服务方式以供选择。简而言之,在研发创新早期,就充分考虑和整合用户需求,可以避免由于用户不接受而导致的推广应用失败(Usability. gov, n. d. -b)。英国"更好的老龄化中心"(CAB)采用"以用户为中心"的研发创新方法,来解决英国老龄化问题。该中心委托其他机构审查和评估老年人面临的交通等方面问题的相关研究,然后交流探讨通过这些研究得到的最佳解决方案。"更好的老龄化中心"以倡导服务老年人和改善老年人生活质量为目标,致力于与其他资助创新变革的机构开展跨部门合作(CAB, n. d. a)。该中心采用"以用户为中心"的方法,把使用体验与用户意见结合起来,作为主要的参考依据(CAB, n. d. -c)。在设计和改进旨在提高老年生活质量的解决方案时,具有实际使用体验的用户发挥了积极作用(CAB, n. d. -d)。该中心还强调知识和信息共享以及开放式合作,最终实现把研究成果转化为政策行动的目标(CAB, n. d. -a, n. d. -b)

第二节 加强人力和社会资源建设

对于出行者来说,人与人之间的交流互动,是出行体验的重要组成部分。本节讨论了如何对加拿大的出行服务提供商和运营商开展培训,以及如何对出行服务使用者进行宣传教育,从而尽量减少加拿大老年出行者面临的诸多障碍。

一、面向老年出行者及其家人的培训

能够满足出行者需求的良好的客户服务,必须支持自主出行和独立出行。在全行业范围内提供有针对性、标准化和强制性的无障碍培训,同时持续跟踪培训效果和对出行者产生的影响,已被证明是向老年出行者提供包容性服务和协助的一种有效支持手段(Ashby, 2015; Frye, 2015a; DOT, 2016a; CTA, 2017b)。利用与老年人主动接触获得的经验,向出行服务提供商和运营商提供良好的教育和培训,不仅可以消除年龄歧视问题,而且有助于保障向老年出行者提供的服务和协助更加有效,且适合老龄人群(Levy, 2016)。面向老年出行者的支持培训可以侧重于老龄人群的特定需求,特别是面向老年人的服务态度和行为方面的培训,以避免带有年龄歧视的做法。这些培训可以包括具体的技能拓展,比如适当的沟通方式以及不同交通方式间的安全换乘保障。

在加拿大联邦政府管理的交通运输体系中,关于强制要求和直接向从业人员提供培训方面,联邦政府实际已经发挥着重要作用。正如第二章所述,为更好地向残疾乘客提供帮助,加拿大运输署对于交通运输从业人员和年客运量超过 1 万人次的运营商,都制定了培训管理规定(CTA, 2017b)。《向残疾人提供协助服务的工作人员培训条例》和加拿大运输署自愿实施标准,概括说明了要求遵守的协助服务标准。按照规定要求,交通运输从业人员必须在被聘用之后的 60 天内接受此类培训(CTA, 2017b)。为了帮助服务提供商开展培训,加拿大运输署整合了所有培训内容,制作了《全民无障碍》(Accessibility for All),这是一个时长为 45min 的系列综合教学视频课件(CTA, 2016a)。加拿大运输局还对交通运输设施和运营企业定期开展合规监管(包括检查和调研),以确保其在提供培训等方面满足无障碍服务条例的要求,并在出现违规情况时强制执行相关法规条例(CTA, 2015a)。

《2014—2017 年加拿大运输署战略计划》旨在加强对从业人员培训评估的管理,以及完善对培训的合规管理(CTA, 2014b)。在满足老年出行者的需求方面,没有足够的证据来证明这些培训的成效。目前的教育培训管理侧重于提供无障碍帮助,但我们注意到,为使老年出行者普遍受益,需要确保无年龄歧视的客户服务技能得到重点培训。通过教育培训,使从业人员了解老年群体的特征,以及老年人与残疾人出行的区别,这种培训教育发挥了重要作用。值得注意的是,围绕针对不同年龄群体的服务态度,提供合适的教育培训,可以积极地改善人们的认识、看法和态度,从而减少年龄歧视(Levy, 2016)。专家组指出,为使老年人进一步受益,教育培训应重点围绕老年群体的需求和偏好的差异性,以及老年人自主决定的重要性。

针对出行过程中的某个特定障碍或环节,如通过安检,这是出行中的一个特别紧张而又困难的环节,可以利用专项培训计划,改善这方面的服务。正如第四章所述,美国运输安全局为安检工作人员提供专项培训,从而更好地向那些需要协助的旅客提供帮助(TSA, n. d.)。这项培训的一部分由“门户开放组织”(ODO)提供,这是一个面向残疾人客户服务培训的组织。培训期间,该组织安排受训人员与残疾人士互动,从而消除相互隔阂、促进学习交流(ODO, n. d.)。美国运输安全局在美国的各大机场部署了 3000 多名经过培训的工作人员(ODO, n. d.)。此外,“门户开放组织”还为美国铁路客运服务企业——美铁(Amtrak)的 8000 多名一线员工提供培训(ODO, n. d.)。这些培训项目可以作为加拿大制定专项培训计划的参考借鉴，从而解决加拿大联邦交通运输体系中存在的出行障碍。

联邦政府在制定员工培训相关要求，以及指导教育培训方面能够发挥一定作用，但归根结底，开展教育培训是交通运输服务提供商和运营商的责任。通过让员工了解和满足包括老年人在内的所有乘客的需求，不仅能使该企业的服务在更广泛的客户群体中提升吸引力，还可以在公众中树立良好的声誉，因此各企业也愿意提供相关培训。为了确保教育培训的针对性，并使客户服务改善惠及使用者，了解包括老年人在内的出行者需求以及可以接受哪些出行服务，就显得非常重要。

志愿者与交通运输从业人员一起提供服务，可以帮助老年人获得愉快的出行体验。丰富的教育培训计划，不仅可以使从业人员受益，志愿者（例如，第四章第三节中介绍的温哥华国际机场“绿外套”志愿者）同样也可以从中获益。保持活力并帮助他人，是志愿者决定从事志愿服务的出发点，交通运输行业可以结合志愿者的个人动机，提升协助和服务项目的效果（WHO, 2015）。志愿者动机研究证实了结构化培训管理以及了解问题根源的重要性，而这也是吸引和挽留志愿者的关键所在（Wilson, 2012；WHO, 2015）。

在适当的情况下，鼓励老年人亲自参与交通志愿者活动，可以实现双赢。老年人拥有丰富的实际出行体验，因此具有独特的价值，尤其是已经有证据显示，对老年人事业的投资，可以影响老年人参与志愿活动的意愿（Lasby, 2004）。另外，参与志愿者活动，特别是当老年人感到获得欣赏以及拥有自主权时，将非常有助于提高老年人的健康水平和生活质量，并有助于提升其机动性和社会活力（Cattan *et al.*, 2011；Wilson, 2012；WHO, 2015）。

二、向使用者提供出行服务宣传教育

向使用者提供出行服务宣传教育，不仅能够帮助老年人实现自主出行和独立出行，还可以改善出行体验。例如，出行服务提供商可以让乘客充分了解目前提供哪些出行帮助服务（例如与健康及可达性相关的服务），以及如何获得这些帮助服务。这在出行规划阶段显得尤为重要，可以使出行者对旅途更有信心。宣传教育服务案例包括航空公司提供的个人健康评估计划和网站，用于帮助乘客提前规划出行安排（第四章第一节）。

第三节　促进技术和基础设施建设

交通基础设施是造成第4章所述诸多出行障碍的原因。在本节中，专家组讨论了如何通过纳入包容性设计而改善基础设施设计，以及技术创新如何为交通基础设施发展创造新的机遇。

一、建设包容性基础设施

应用包容性设计原则，可以创建老龄友好型环境。包容性设计原则是指"全面考虑人类在能力、语言、文化、性别、年龄等方面的多样性以及其他形式的差异性"(IDRC, n. d.)。包容性设计的目标是确保所建设的环境(例如建筑物、车辆)从起始阶段便实现可达性，实现"惠及每个人的更好体验"(IDRC, n. d.)(专栏5.2)。如果从设计之初就采用包容性设计原则，可以避免日后再进行改造，以及为那些有不同需求的群体再建立单独的体系。当然，包容性设计原则也可以应用于对现有基础设施进行改造。我们认为，为了适应多样化的需求和偏好，交通运输体系需要具有内在灵活性，这一点非常重要。在有些情况下，单个的设计无法满足所有人的需求。

包容性设计原则已经应用于许多不同类型的老龄友好型环境基础设施建设，包括住房(CCDS, 2014)、医院(Huang *et al.*, 2011)和公共空间(WHO, 2007; Newton *et al.*, 2010)(专栏5.2)。交通基础设施的包容性设计案例，包括确保车站和航站楼座位、卫生间以及标识、网站、售票亭等服务可供所有人使用(Mein *et al.*, 2014)。包容性设计支持从全局考虑，关注基础设施的整体无障碍性，而不是采用碎片化方式，孤立地考虑某个交通基础设施或某种信息技术的无障碍性。多伦多联合车站—皮尔逊机场快线(Toronto's Union Pearson Express)是一个部分无障碍性成功的案例，如果仅在这里乘坐火车，那么车站对所有乘客而言都十分方便可达(Metrolinx, 2015)。然而，由于不同交通方式之间换乘存在高度差，加之缺乏清晰的标志，在联合车站乘坐火车后换乘其他交通工具十分不便。为了确保包容性设计能够从全局出发，考虑"门到门"出行的所有相关维度，对出行环境的不同方面(例如，出行距离、标志)进行研发创新具有非常重要的意义。

专栏5.2 加拿大基础设施的包容性设计实例

温尼伯市加拿大人权博物馆在整个规划和建设过程中，都采用了包容性设计方法，包括从全国范围内收集残疾人的意见，以及融入多感官技术和专业设计知识（CMHR, 2013）。该设计获得了国际通用设计协会颁发的2016年度金奖（CMHR, 2016）。包容性是一个需要持续考虑的问题，随着新技术的不断涌现，安大略艺术设计学院的包容性设计研究中心与博物馆工作人员联手协作，又开发了触摸屏和多媒体展示亭的操作界面和输入设备（CMHR, 2013）。

温尼伯理查森国际机场也以其包容性设计得到认可（WRIA, 2015），包括基础设施的无障碍性，例如加大的卫生间空间，加宽的入口通道，安装照明的扶手、踏板和步行路面，工作人员和志愿者良好的服务意识，以及对机场内所有餐厅和零售店的最佳实践技术要求（WRIA, 2010；AACWinnipeg, 2016）。

以上两个应用案例都位于温尼伯市，该市从2001年就开始实施包容性设计政策。这项政策要求执行一套详细的审查流程，包括针对所有新建及重大室内外环境改造工程的审核清单（City of Winnipeg, 2017；AEBC, n.d.）。

向其他行业学习

老年出行者遇到的障碍，可能与日常生活其他方面遇到的困难类似。越来越多的行业开始采用老龄友好型的包容性理念，这表示各行业都开始朝着应对人口老龄化和促进全民健康老龄化的全球趋势发展（WHO, 2007, 2015, 2016）。例如，世界卫生组织提出的“全球老龄友好城市和社区网络”以及“老龄友好城市框架”，代表了促进老龄友好文化的全球发展趋势，强调各城市和社区之间要共享实践经验（WHO, 2017b）。卫生保健部门也经常采用老龄友好型举措（专栏5.3），广泛发展老龄友好型社区，特别是发展老龄友好型交通，已经证明对老年人有积极作用，包括改善老年人的生理健康和心理健康，支持自主能力，提高生活乐趣和生活质量，减少年龄歧视，并减轻孤立感和孤独感（Cvitkovich& Wister, 2001；AGE, 2002；WHO, 2007, 2014, 2017a；Kim & Ulfarsson, 2013）。

欧洲老龄论坛（AGE Platform Europe）是一个非营利组织，旨在提升欧盟国家的老年人福利。该组织在建设老年友好型环境实践方面，找出了所需的几个关键因素，包括：

- 让老年人积极参与无障碍改进项目的宣传和开展;
- 通过强有力的代际关系建立凝聚力,通过设计需要相互协调的共享空间消除代际冲突;
- 完善信息和通讯基础设施,以加强积极参与和交流;
- 跨机构和跨行业的利益相关方协作机制,依托强大的领导力平台来管理综合类项目进展;
- 以实践经验为基础的技术模式和指导标准(适用于不同层面——全球、欧洲、国家和地方)可以增进对话,并有助于达成共识;
- 企业和私营部门的参与可以促进创新,促进、扩大和打造经济的可持续发展。

(AGE, 2010)

我们注意到,上述因素强调了跨部门利益相关方的积极参与,包括老年人自身的参与。对于加拿大的交通基础设施而言,建立一个涉及多个利益相关方的模式,需要政府交通运输主管部门(包括联邦、省级、地区和市级部门)、交通运输行业企业,以及包括那些经常出行和不经常出行的老年群体的积极参与。

专栏5.3　卫生保健部门的老龄友好实践案例

老龄友好型卫生保健的目标是,通过积极主动、全面、以患者为中心的无障碍护理服务,帮助老年人维持独立性并提高生活质量,同时降低医院的经济负担(AHMAC, 2004; Carstairs& Keon, 2009; Huang *et al.*, 2011; AGE, 2012; WHO, 2015)。按照包容性设计和可达性原则,老龄友好型医院需要同时在基础设施和服务方面进行完善(Huang *et al.*, 2011; WHO, 2015)。

目前,卫生保健人员已经开展了一系列老龄友好型服务,例如:

- 通过开展培训活动,确保工作人员能够提供适当的无障碍服务和支持;
- 通过老年人帮扶计划,使老年人了解和认识自身健康状况、医院设施和卫生保健体系;
- 决策和能力建设支持;
- 日常活动帮扶。

(Huang *et al.*, 2011; WHO, 2015)

老龄友好计划的成功实施,需要跨学科的老年咨询服务和共同管理,以及门诊和(或)慢性病护理项目及服务机构的协作(AHMAC,2004; Huang *et al.*, 2011)。对于老龄友好医院来说,如果能够得到资助机构和政策部门的配合与协作,也将受益匪浅(Huang *et al.*,2011)。此外,征求包括老年人在内的利益相关方的意见,也将有助于这些计划的成功实施(WHO, 2015)。

二、科技化的基础设施

无论在车站和航站楼,还是在运输车辆上,在线通信的机器设备网络和智能分析(物联网,英文缩写为IOT),开始为旅客提供越来越优质的出行体验(Morris, 2016)。伦敦城市机场在一个试点项目中,评估了物联网可能带来的影响。他们发现,使用物联网管理的设施跟踪(例如:小型飞机登机踏板等机场设备),可以提升抵离港准点率;通过提前预定餐食的应用程序等服务,可以为旅客提供更大便利;同时,机场旅客出入数据也可以为机场规划人员所用(BlueSky, 2015; Burrus,2017)。

众所周知,物联网可以提高残疾人的可达性(Blouin, 2014),未来可能会改善交通运输体系的可达性。其潜在好处也很多,例如简化手续办理,缩短排队时间,在乘坐交通工具时获得个性化的出行体验(Morris,2016)。使用物联网技术的基础设施,采用了包容性设计元素,可为那些有一定能力缺陷的人创建无障碍环境。正如第四章所述,物联网在支持包容性交通运输体系发展方面极具潜力,这进一步证明了无线连接的重要性。考虑到目前的技术发展速度,帮助交通运输行业利用新技术(如人工智能、自动驾驶汽车)的研发创新非常重要,同样重要的还有对新兴技术的持续跟踪。

在讨论数字技术发展时,必须考虑老年出行者的需求和偏好。尽管有一些物联网发展不需要交通运输体系使用者的接入(例如,通过优化起飞时间表,减少航班延误;通过收集更多的旅客位移数据,可以减少旅客在不同登机口之间的步行时间),而其他的物联网技术很可能要求出行者持有智能手机或平板电脑,并具有不限流量的网络连接能力。为了照顾到那些不使用高科技手段人群的偏好,未来的技术创新不应成为实现交通运输体系可达性的先决条件,这一点非常重要。

第四节　推进政策体系建设

由于各级政府部门、交通运输服务提供商和运营商等诸多利益相关方的参与，使得交通运输政策的实施变得更具挑战。加拿大政府可以在联邦层面采取多种措施，帮助战胜这些挑战，并创建一个更具包容性的交通运输体系。这些措施包括改变联邦层面的交通运输管理方式，由多部门联合起草新的法规条例，以及将资金拨款与交通可达性要求挂钩。

一、交通运输管理体系改革

第二章概述了联邦政府对交通运输体系的管理权限，并总结了最新颁布的《加拿大交通运输法规综述》(Canada Transportation Act Review，简称为《综述》)中提出的无障碍建议(专栏 2.1)。值得注意的是，这些建议主要针对广义的残疾人的无障碍问题，而不是专门针对老年人。其中许多建议涉及加强加拿大运输署在解决无障碍设施问题方面的权力和作用。值得注意的是，加拿大运输署在制定运输服务企业的最低服务标准时，主要依据的是自愿实施标准而不是规章制度(GC，2015b)。《综述》指出，把自愿实施标准纳入立法，将形成范围更广、更加一致的无障碍标准(GC，2015b)。这个观点由 Baker(2006)提出，他在一份向加拿大残疾人理事会提交的报告中指出，"欧洲和美国在司法权方面的国际经验表明，依据美国模式的强制性法规是在一段合理的时期内坚决、公平、有效实现完全无障碍的唯一方法。"

《综述》还建议给予加拿大运输署在处理交通运输无障碍设施问题方面的专属授权。根据现有规定，加拿大运输署与加拿大人权委员会(Canadian Human Rights Commission)共同享有投诉解决权。加拿大运输署只能解决正式提出的无障碍违规投诉，而加拿大人权委员会可以把涉及受伤害的乘客投诉转呈加拿大人权法庭(Canadian Human Rights Tribunal)(GC，2015b)。这种共享投诉权经常导致不一致的判决，并在实际执行时困难重重，由加拿大运输署驳回的投诉往往又转投给加拿大人权法庭再次判决。如果由加拿大运输署单独负责处理投诉，就可避免发生类似问题(GC，2015b)。加拿大运输署面临的另一个监管局限性，是它无法对系统性问题进行主动调查并采取措施。目前，尽管加拿大运输署能够对个案投诉作出裁定，但该判决裁定不能应用于全行业。《综述》

建议,在处理个人投诉之外,应赋予加拿大运输署调查系统性问题的权力,从而提高无障碍设施问题的处理效率和判决一致性(GC, 2015b)。

《综述》指出,在加拿大现有的交通运输无障碍管理体系中,缺少系统化的无障碍衡量标准和责任制度(GC, 2015b)。把无障碍标准纳入立法,要求交通运输相关机构能够确定符合无障碍标准的要求。因此,改进责任制度可以确保相关标准规定的合规性,同时提供进度衡量标准和最佳实践,并识别持续存在的需求(GC, 2015b)。《综述》还建议,加拿大运输署每三年发布一次“无障碍状况”报告,从而保证最佳实践、合规率以及收到的投诉数量等可达性要素的公开透明(GC, 2015b)。

《综述》提出,在《加拿大交通运输法》中有必要明确无障碍的重要性(GC, 2015b)。已有多项建议反映了这一观点,提出在该法案中应纳入正式的残疾定义,并通过制定修正案来明确反映“包括残疾人在内的所有人士的无障碍”的重要性(GC, 2015b)。明确规定要求可以带来积极的变化,例如安大略省实施《安大略省残疾人无障碍法案》(Accessibility for Ontarians with Disabilities Act)(Gov. of ON, 2005),并依据该法案颁布了《综合无障碍性标准规范》(Integrated Accessibility Standards Regulations)(GC, 2015b),取得了积极的成效。该标准改善了整个安大略省的区域公交体系和多伦多公交管理局辖区的无障碍性(CCD, 2016)。

目前《综述》提出的法规建议仍在公开征求公众意见的过程中,我们注意到,对《加拿大交通运输法》进行修订,可以打造更具包容性的交通运输体系,而且有可能在新的无障碍性立法中,特别要求将针对老年人的无障碍性纳入其中。尤为重要的一点是,无论是《综述》中提出的建议,还是由加拿大运输局监管的规则条例和自愿实施标准,均与针对残疾人的无障碍性相关,而未提及老年人。加拿大联邦政府目前正在进行的另一项相关工作,即开展综合无障碍性立法(如第二章所述)。通过推行该法规,使我们能够在联邦体系例如联邦交通运输体系中,满足老年人的需求。

二、多部门共同合作起草法规

除联邦政府以外,其他很多利益相关方也可以帮助有效推进交通治理,包括交通运输服务提供商和运营商,非营利组织或非政府组织,以及各省、地区和市政府。通过有效的、跨部门协作的方式制定法规条例,有利于在起草过程中充分吸纳各利益相关方的意见和专业知识。我们注意到,有效的利益相关方参与过程,通常注重在彼此之间建立相互信任和尊重，即使没有达成共识，讨论内容仍然可以为出台正式的法规条例提供参考帮助。以美国交通部的无障碍航空运输咨询委员会为例，成立该委员会的目的，是为了管理和制定有关残疾乘客航空运输便利性的法规，包括“机上通信，新型单通道飞机上的无障碍厕所和服务类动物”等（DOT, 2016b）。无障碍航空运输咨询委员会以达成共识为基础，提出了多项建议，委员会成员代表多个航空相关的群体（DOT, 2016a）（专栏5.4）。根据无障碍航空运输咨询委员会达成的一致意见，美国交通部计划在2017年发布一份拟制定法规的通知（DOT, 2016b）。

专栏5.4 无障碍航空运输咨询委员会的政策建议

美国交通部无障碍航空运输咨询委员会成立的宗旨是“讨论和制定有关残疾乘客航空运输便利性的法规提案”，提案涉及3个具体问题：新型单通道飞机上的无障碍厕所问题、机载通信娱乐设施问题以及服务类动物问题。无障碍航空运输咨询委员会是一个跨专业、跨部门的组织，由来自航空公司、残疾人和残疾人促进组织、空乘人员团体以及其他与航空相关的代表组成，该委员会通过在成员间达成共识来形成政策建议。

目前，坐轮椅的乘客无法在单通道飞机上使用洗手间，因此必须避免在飞行期间饮用液体，或者不乘坐飞机出行。无障碍航空运输咨询委员会的建议包括短期行动和长期行动，从而解决行动困难旅客的需要，并在未来提供无障碍机载厕所。这些建议包括培训空乘人员协助使用厕所，强制规定马桶高度和强制安装扶手，以及当厕所门难以关闭时有视线遮挡措施。此外，还建议交通部进一步改进机载轮椅设计，确保其在功能上更方便残疾人士如厕。

目前，航空公司一般不提供带有字幕或音频解说的机载娱乐设施。无障碍航空运输咨询委员会建议，应播放一些配有字幕的机载电影和电视节目，以方便患有耳聋和听力障碍的乘客欣赏。该委员会还建议提供音频解说娱乐节目，使那些视觉障碍的乘客能够听到电影和电视节目解说。只有当航空公司的机上节目提供商无法提供有字幕或者有声节目时，才能播放无字幕或者无音频描述的娱乐节目内容。无障碍航空运输咨询委员会的建议，仅适用于新款飞机或在老款飞机上新安装的娱乐系统。

无障碍航空运输咨询委员会已经把有关无障碍厕所、机载通信娱乐设施的建议提交给美国交通部评审，针对这些问题，美国交通部将会制定哪些规范指南仍有待观察。关于无障碍航空运输咨询委员会在服务类动物问题上的讨论意见，尽管尚未达成一致，但美国运输部在起草最终条例时或将予以考虑。

(DOT, 2016a, 2016b)

关于加拿大的一些交通运输法规制定问题，没有必要重复其他国家已经做过的工作。由美国无障碍航空运输咨询委员会的建议形成的法规条例，可直接适用于加拿大。此外，加拿大的大型航空公司在进出美国领空时，也同样需要遵守这些法规条例。我们认为，由国际民用航空组织制定的建议和指南(ICAO, n.d.)，也可以用于帮助指导加拿大制订新的法规条例。尤为重要的一点是，国际民用航空组织颁布的《残疾人乘坐航空运输手册》中提供的指导，与《联合国残疾人权利公约》规定的义务一致(ICAO, 2013)。为了更好地预判某种措施是否有效，我们需要了解加拿大独特的政府管理体制、环境和利益相关者的情况。这些背景情况包括复杂的交通运输管理辖区划分、大量老年人居住在农村和偏远社区、加拿大独特的气候条件，以及土著人的特殊价值观和需求等。如果交通研发创新能够着力关注其他国家措施借鉴的适用性和相关性，也许将会有助于确保在加拿大得到有效实施。

三、将资金拨款与无障碍要求挂钩

如果能够针对交通基础设施和采购资金制定无障碍规定，特别是针对老年人的“门到门”无缝出行制定相关条款，可以激励所有交通运输主体(包括私人和公共部门)采取更具包容性的做法。联邦政府是加拿大交通基础设施的重要投融资主体。2016 年，联邦政府宣布通过“机场资本援助计划”(Airports Capital Assistance Program)向 13 个地区性机场提供 2760 万美元的资金支持(CAC, 2016)，并在 2017 年预算中预留 8.673 亿美元，用于支持加拿大维亚铁路(Via Rail Canada)的运营和资本需求(GC, 2017c)。作为投资加拿大计划(Investing in Canada Plan)的一部分，联邦政府在 2017 年成立了加拿大基础设施银行(CIB)(GC, 2017b, 2017d)。该银行的目标之一是建立“具有社会包容性的社区”(GC, 2017b)。因此，我们相信，联邦政府有可能实现将包容性指导标准与加拿大基础设施银行资助的项目结合起来，从而建设支持老年出行者的基础设施（包括交通基础设施项目）。

加拿大联邦政府在 2017 年提出的另一项倡议是“智慧城市挑战”（Smart Cities Challenge），此举旨在鼓励不同城市交通模式之间提高连通性（GC, 2017a），从而为进一步完善包容性基础设施提供可能。另外，还可以通过公私合作模式，建设包容性交通基础设施，把公共部门的资金拨款与私营部门开展项目的无障碍要求挂钩。通过确保政府采购的产品和服务充分满足包容性要求，可以利用政府支出提高人们对包容性交通运输的认识，并促进创新。

在国际上有很多将资金支持与具体要求挂钩的案例。欧洲结构与投资基金（ESI）规定了一整套法律、政策和制度要求，被称为先决条件，其中特别指出为老年人创造无障碍出行环境的重要性。

> 依照适用法律，管理当局在整个项目周期中应确保由欧洲结构与投资基金联合资助的所有产品、商品、服务和基础设施可以服务于包括残疾人在内的所有公民，从而为残疾人和老年人创造一个无障碍的环境。
>
> （EU, 2015）

欧洲委员会正逐步侧重于把资助要求与包容性可达性设计挂钩，而不是制定特殊解决方案来满足残疾人的需求（Frye, 2015a）。实施这种政策转型的基本理由是，包容性设计方法为所有出行者创建了一个无障碍环境，而不仅限于老年人或残疾人（Frye, 2015a）。这表明，资助要求不必局限于无障碍规定，而应能支持更广泛的包容性交通运输体系。例如，政府可以建设和完善支持多式联运的交通枢纽，在此类交通枢纽中，乘客可以在同一个无障碍设施中实现出租车、公共汽车、火车和飞机的便捷换乘。

将基础设施资助与无障碍要求挂钩的方法，得到了加拿大残疾人理事会等相关组织的支持，该组织主张，联邦政府应把具体的无障碍要求纳入到所有政府采购活动、基础设施支出以及行业补贴之中（CCD, 2016）。

第五节　认知差距和结论

改变行业文化并采取包容性设计原则，这些做法有助于加拿大建立一个适合所有出行者的交通运输体系，还可以增进各利益相关部门之间的协作。为了实现“门到门”出行，需要制定包容性出行方案，包括承诺改变那些对现有交通运输体系造成障碍的做法。实施包容性交通解决方案，对加拿大未来经济和社会发展具有重大影响，并与加拿大交通部以外的诸多行业和政府部门息息相关，如加拿大卫生部和加拿大基础设施局等。例如，为老年人提供更大机动性的交通运输体系，将有助于促进老年人健康，改善他们的生活质量，并增加加拿大的旅游收入。

该体系还需要适应未来的发展，预测包括老年人在内的所有出行者随时间推移而不断变化的需求和偏好。简而言之，通过采取已有措施解决老年人目前在交通运输体系中面临的出行障碍，制定和改进新的解决方案，创建一种持续改进的文化氛围，适应乘客不断变化的出行需求，这些重要目标的实现，将提升交通运输体系的包容性。为了实现这些目标，我们总结了 3 条路径：加强人力和社会资源建设，促进基础设施和技术建设，以及推进政策体系建设。重要的是，每条路径都涉及跨部门合作，牵涉到一系列公共和私营部门利益相关方，以及鼓励持续的研发创新支持。

第六章
结　　论

- 剖析问题
- 我们的愿景
- 实现愿景
- 最终思考

第六章 结 论

加拿大交通部(研究报告资助方)认识到,为了满足日益增长的老龄人口需求,加拿大交通运输体系需要实现发展和改革,为此,加拿大交通部要求我们回应下列问题:

- 技术和创新如何帮助加拿大交通运输体系适应人口老龄化的需求?
- 在未来25年,人口老龄化将对加拿大交通运输体系的经济效益、扮演的社会角色以及规划设计等方面产生哪些影响?关于日益老龄化的公众出行安全保障、多式联运、服务标准和设施设备设计等方面,目前正在开展哪些研究工作,存在哪些认知差距?
- 有哪些适应人口老龄化发展的国际趋势和最佳实践,包括在衡量绩效方面,有哪些发展趋势和最佳实践?
- 为了适应规模日益庞大的老年出行者而开发出新技术和创新解决方案,例如设备、通信设施、商业实践、流程改造和教育培训等,是否有相关实例或案例研究?

在评估过程启动之初,为了充分了解相关要求并获得进一步指导,我们与加拿大交通部进行了会面,他们又另外提出了5个问题,从而进一步明确研究报告中应讨论的内容。这些问题并非取代上述要求,而是为我们研究探讨的关键重点领域提供指导。这些辅助性问题包括:

- 加拿大交通部应如何支持一体化、"门到门"无缝衔接的交通运输网络体系建设?
- 具体有哪些生理的、环境的以及经济和社会方面的障碍,限制了老年人使用加拿大的交通运输体系?
- 随着年龄增长,人们是否会改变与交通运输体系的互动方式?这对人们选择交通出行方式有什么影响?
- 新技术对老年人的交通出行体验有哪些积极和消极的影响?
- 有哪些具体的国际和国内创新经验可以适用于加拿大的交

通运输体系,这些将对老年人产生什么影响?

第一节 剖析问题

衰老过程以不同的方式影响着每一个人。加拿大的老龄人口是一个多元化的群体,在个人偏好、需求、经济条件、身体健康状况、感官条件、社交情况和认知能力方面都存在巨大差异。本报告不聚焦于特定的年龄群体,也不聚焦于残疾群体,而是研究一般意义上的老年群体。专家组在充分考虑了残疾和生理无障碍问题的同时,也研究了与老龄化有关的其他问题,包括老年人生活质量和年龄歧视等。

我们把65周岁及以上人口定义为老年人,该年龄段人口是加拿大的一个重要年龄群体,其人口增长率高于其他群体。随着老年人口增长,越来越需要调整完善加拿大联邦交通运输体系,以满足老年人的需求,而这将为基础设施投资、开发新技术和新流程以及改革加拿大交通运输和无障碍管理提供契机。现在正是采取行动的良机,通过联邦政府、其他各级政府部门、交通运输行业、学术界和包括老年出行者等利益相关团体的合作,共同创建一个最大程度地减少老年人出行障碍的交通运输体系。鉴于加拿大交通部在引导和管理加拿大交通运输方面发挥着重要作用,加拿大交通部将会继续在建立包容性的老龄友好型交通运输体系中发挥主导作用。

第二节 我们的愿景

我们设想的加拿大交通运输体系,应充分考虑老年人的特殊需求和偏好,支持多式联运的“门到门”无缝衔接出行。老年人可以在家里规划行程,以家为出发点乘坐交通工具(并且可能需要换乘交通工具),从家到车站和航站楼等地,并最终抵达其规划的目的地。这一构想体系将把生理、视觉、听觉、社交和认知障碍最小化,促进社会公平与连通性。为老年人建立这样一个交通运输体系,将通过便利每个人的出行,使所有加拿大人受益。

对于老年人而言,无论是满足基本需求的交通出行,还是休闲和探亲访友等消遣性出行都很重要。值得注意的是,消遣性出行改善了老年人的健康、社会包容性和生活质量。一个包容性的交通运输体系,将鼓励越来越多的老年人开展基本出行和消遣性出行,从而提升老年人的整体福利，并促进社会公平。此外，借助于无障碍的交通基础设施，老年人出行可能会大幅增加旅游业的经济效益。因为从许多方面来看，老年人都是理想的消费者，与年轻人相比，老年人通常会出行多日，因此旅游开销也更大。退休人员进行长途旅行可能更为频繁，他们可以避开高峰时间出行，并且很可能与家人或同龄人结伴而行。

第三节　实现愿景

在加拿大，“门到门”出行的每一个阶段都存在各种障碍，这使得老年人出行充满挑战性。出行障碍与一系列因素有关，包括年龄歧视、出行偏好、生理状况、感官情况、社交能力、认知能力、地理位置条件和收入等。我们研究了加拿大国内和国际的部分案例，这些案例最大程度地减少出行障碍，支持实现包容性交通运输体系的愿景。一般而言，支持包容性交通运输体系的案例，往往会考虑老年人群体的多样性，包括技术创新以及改善基础设施和人性化服务。我们承认，包容性方法面临很多挑战，包括设计成本、不断变化的人群目标（不同年龄群体的特征随时间而变化）以及对创新的融合。

尽管借鉴这些经验，有可能帮助减少老年人面临的一些出行障碍，但是将这些经验做法应用于加拿大交通运输体系并非一定有效。我们通过总结交通运输和其他相关行业的经验做法，研究确定了 3 条路径：加强人力和社会资源建设，促进技术和基础设施建设以及完善政策体系。这些路径旨在实现下列目标：

- 利用现有措施解决加拿大老年人面临的各种出行障碍；
- 创造新的手段措施并更大程度地发挥现有措施的作用；
- 建立一种不断改进、不断适应的行业文化，满足所有出行者的需求。

跨部门和跨学科的研发创新，是每条路径的重要组成部分，因为它支持开发、测试、实施和评估每条路径下的创新和实践，概括如下：

1. 加强人力和社会资源建设

在出行过程中，人与人之间的交流互动对于所有出行者而言都很重要，对老年人而言更是如此。能够满足出行者需求的良好的客户服务，必须支持自主出行和独立出行。在全行业范围内提供有针对性的、强制性的包容性培训，同时监测培训效果，这种做法可以向老年出行者提供包容性服务和协助。此外，向出行者宣传目前提供哪些出行帮助服务，确保人们了解并能够使用出行支持服务,可以改善出行体验(例如与健康、可达性相关的服务)。此类宣传教育在出行规划阶段显得尤为重要,可以使出行者对旅途更有信心。

2. 促进技术和基础设施建设

坚持采用包容性设计原则。此原则考虑人们在年龄和能力等方面的多样性,有助于确保所建设的环境更适合包括老年人在内的所有人群。重要的是,包容性设计支持从全局考虑问题,关注的是整个基础设施的可达性,而不是个别组成部分的可达性。如果从设计之初就采用包容性设计原则,可以避免日后再进行改造,以及为那些有不同需求的群体再建立单独的体系。当然,包容性设计原则也可以应用于对现有基础设施进行改造。

技术也在向交通基础设施建设打开新的机遇之门,无论是在车站、机场,还是在交通运输车辆上,新产品正在为出行者提供更好的体验。在研发和应用数字技术时,必须考虑老年出行者的需求和偏好。为了照顾到那些不使用高科技手段出行人群的偏好,未来任何时候,技术创新都不应成为使用交通运输体系的先决条件。

3. 完善政策体系

政策支持有助于加拿大建立包容性交通运输体系,从而满足老年人的出行需求。目前正是联邦政府完善政策的理想时机,同时联邦政府也在制定加拿大交通运输长期发展议程,其中包括评估当前的交通运输管理工作。作为该过程的一部分,政府应当考虑如何改革将有助于加拿大交通运输体系更好地满足老年人的需求。例如,把联邦无障碍自愿实施标准从规范性文件上升为监管法规,或将有助于建立一个更具包容性的交通运输体系。

在通过管理改革建立包容性交通运输体系方面,联邦政府特别是加拿大交通部有潜力发挥核心作用,而让联邦政府以外的利益相关方参与管理过程,也可能会形成更有效的交通政策。例如,通过建立由多个利益相关方组成的团队,包括各级政府部门、交通运输服务提供商和运营商以及非营利性组织,并以推进和确保加拿大交通运输体系的包容性作为团队任务,将有助于发现本报告所述的很多解决方案。为了确保顾及老年人的需求和偏好,使老年群体也作为交通利益相关方参与进来,具有特别重要的意义。

联邦政府的一个强有力手段,就是为交通基础设施建设和其他计划提供资金。因此,联邦政府可以把基础设施建设和其他投资与支持包容性的多式联运项目挂钩,鼓励发展老龄友好型交通运输体系。资助要求不必局限于无障碍规定,而应可以支持更广泛的包容性交通运输体系。例如,政府可以建设和完善支持多式联运的交通枢纽,还可以利用政府采购支持新技术或其他创新的发展,促进交通运输体系的包容性。

第四节 最终思考

通过调整完善加拿大交通运输体系来满足老年出行者的需求,与此同时,支持多式联运的“门到门”无缝衔接出行,这可以使包括居民和游客在内的每个人获益。建立这样一个交通运输体系,将使更多的人得以便利出行,当然也包括老年人,因此可以提高社会公平性,并带来更多经济效益。一个包容性的体系应建立在与诸多利益相关者合作的基础上,包括各级政府、交通运输行业以及老年人群体。了解加拿大不断增长的老年人群的出行需求和偏好,不仅对于实现这一目标非常重要,而且对于建立一个能够随时间推移而不断适应这些需求和偏好的交通运输体系来说,也同样非常重要。对于加拿大而言,现在是付诸行动、努力建设一个具有充分包容性的交通运输体系的大好时机。联邦政府正在采取措施,完善加拿大的交通基础设施,同时在评估交通运输和无障碍设施管理工作。建立一个最大程度减少老年人出行障碍的交通运输体系,这种需求将会越来越强烈。为了实现最大利益,我们现在就要行动起来。

参考文献

参 考 文 献

[1] AACWinnipeg (Winnipeg Access Advisory Committee). (2016). Access Awards 2012. Retrieved July 2017, from http://www. aacwinnipeg. mb. ca/awardarchives/awards2012. html.

[2] AbleData. (2016). *Wayfinding AT for People Who Are Blind, Deaf, or Have a Cognitive Disability*. Falls Church (VA): AbleData.

[3] AbleLink. (n. d.). WayFinder 3 Brochure. Retrieved April 2017, from http://www. ablelinktech. com/assets/datasheets/WayFinder%203_20160920. pdf.

[4] Abraham, H., Lee, C., Brady, S., Fitzgerald, C., Mehler, B., Reimer, B., &Coughlin, J. F. (2016). *Autonomous Vehicles, Trust, and Driving Alternatives: A Survey of Consumer Preferences.* Cambridge (MA): AgeLab, Massachusetts Institute of Technology.

[5] Access Now. (n. d.). Access Now: Pin Pointing Accessibility Around the World. Retrieved August 2017, from http://accessnow. me/.

[6] Accessibility. Cloud. (n. d.). Accessibility. Cloud: Exchange Accessibility Data, Standardized. Retrieved August 2017, from https://www. accessibility. cloud/.

[7] ACRP (Airport Cooperative Research Program). (2008). *Innovations for Airport Terminal Facilities.* Vol. 10. Washington (DC): Transportation Research Board of the National Academies.

[8] Adams, T. (2016). Greyhound Begins Operations at New Location May 29. Retrieved August 2017, from http://www. cbc. ca/news/canada/edmonton/greyhound-begins-operations-at-new-location-may-29-1. 3601920.

[9] Adler, G. & Rottunda, S. (2006). Older adults' perspectives on driving cessation. *Journal of Aging Studies*, *20*, 227-235.

[10] AEBC (Alliance for Equality of Blind Canadians). (n. d.). The In-

ter-Organizational Access Committee. Retrieved April 2017, from http://www. blindcanadians. ca/publications/cbm/14/inter-organizational-access-committee-ioac.

[11] AENEAS (Attaining Energy-Efficient Mobility in an Ageing Society). (n. d. -a). About the Project. Retrieved April 2017, from http://www. aeneas-project. eu/? page = about.

[12] AENEAS (Attaining Energy-Efficient Mobility in an Ageing Society). (n. d. -b). Public Transport Training for Passengers and Drivers. Retrieved April 2017, from http://www. aeneas-project. eu/? page = salzburgmeasure2.

[13] AENEAS (Attaining Energy-Efficient Mobility in an Ageing Society). (n. d. -c). Good Practice Exchange Ring. Retrieved April 2017, from http://www. aeneas-project. eu/gper/example. php? id = 123.

[14] AFNYC (Age-Friendly New York City). (2013). *59 Initiatives.* New York (NY): AFNYC.

[15] AGE-WELL. (2017). AGE-WELL Partners with Uber Around Transportation for Older Adults. Retrieved August 2017, from http://agewell-nce. ca/archives/3834.

[16] AGE (AGE Platform Europe). (2002). *Door-to-Door Transport Systems: Older People's Point of View.* Brussels, Belgium: AGE.

[17] AGE (AGE Platform Europe). (2010). *Towards Smart, Sustainable and Inclusive Places for All Ages.* Brussels, Belgium: AGE.

[18] AGE (AGE Platform Europe). (2012). *Towards an Age-Friendly EU by 2020.* Brussels, Belgium: AGE.

[19] AHMAC (Australian Health Ministers' Advisory Council). (2004). *Age-Friendly Principles and Practices.* Canberra, Australia: AHMAC.

[20] Alaska Airlines. (2017a). Accessible Services. Retrieved August 2017, from https://www. alaskaair. com/content/travel-info/accessible-services/specialservices-other. aspx.

[21] Alaska Airlines. (2017b). Customer Service Commitment. Retrieved August 2017, from https://www. alaskaair. com/content/about-us/customercommitment/customer-commitment-listen-to-you. aspx.

[22] Alaska Airlines. (2017c). Alaska Listens. Retrieved August 2017, from https://survey. alaskalistens. com/#/survey1.

[23] Alén, E., Domínguez, T., & Losada, N. (2012). New Opportunities for the Tourism Market: Senior Tourism and Accessible Tourism. In M. Kasimoglu (Ed.), *Visions for Global Tourism Industry — Creating and Sustaining Competitive Strategies* (Vol. 127). Rijcka, Croatia: In Tech.

[24] Alén, E., Losada, N., & Domínguez, T. (2016). The impact of ageing on the tourism industry: An approach to the senior tourist profile. *Social Indicators Research*, *127*(1), 303-322.

[25] Alzheimer Society of Canada. (2013). A New Way of Looking at the Impact of Dementia in Canada. Retrieved June 2016, from http://www. alzheimer. ca/en/peel/Get-involved/Raise-your-voice/A-new-way-of-looking-at-dementia.

[26] Alzheimer Society of Canada. (2017). Latest Information and Statistics. Retrieved August 2017, from http://www. alzheimer. ca/en/Get-involved/Advocacy/Latest-info-stats.

[27] Amer, T., Anderson, J. A. E., Campbell, K. L., Hasher, L., & Grady, C. L. (2016a). Age differences in the neural correlates of distraction regulation: A network interaction approach. *NeuroImage*, *139*, 231-239.

[28] Amer, T., Campbell, K. L., & Hasher, L. (2016b). Cognitive control as a doubleedged sword. *Trends in Cognitive Science*, *20*(12), 905-915.

[29] AMS (Amsterdam Airport Schiphol). (2017a). Traveling with Mobility Aids. Retrieved February 2017, from https://www. schiphol. nl/en/page/travelingwithmobilityaids/.

[30] AMS (Amsterdam Airport Schiphol). (2017b). From Schiphol. Retrieved February 2017, from https://www. schiphol. nl/en/travelfrom-schiphol/.

[31] Anderson, M. & Perrin, A. (2017). *Tech Adoption Climbs Among Older Adults.* Washington (DC): Pew Research Center.

[32] Angus Reid Institute. (2015). *Disability and Accessibility: Canadians See Significant Room for Improvement in Communities Where They Live.* Vancouver (BC): Angus Reid Institute.

[33] APTA (American Public Transportation Association). (2017). Policy

Development and Research Program at APTA. Retrieved May 2017, from http://www.apta.com/resources/statistics/Pages/Surveys.aspx.

[34] Ashby, R. C. (2015). *Comparative Analysis of Canadian and U. S. Approcches to Accessible Transportation Standards: Summary Report Submitted to the Canada Transportation Act Review.* Washington (DC): U. S. Department of Transportation.

[35] Asher, L., Aresu, M., Falaschetti, E., & Mindell, J. (2012). Most older pedestrians are unable to cross the road in time: A cross-sectional study. *Age and Ageing*, *41*, 690-694.

[36] Australian Government. (2016). *Disability Discrimination Act 1992*. Canberra, Australia: Australian Government.

[37] BA (British Airways). (n. d.). Medical Conditions and Pregnancy. Retrieved June 2017, from https://www.britishairways.com/en-gb/information/travel-assistance/medical-conditions-and-pregnancy.

[38] Bains, C. (2017, March 26). Saskatchewan Rural Bus Service a Must for Vulnerable People: BC First Nation, *The Brandon Sun.*

[39] Baker, D. (2006). *Moving Backwards: Canada's State of Transportation Accessibility in an International Context.* Winnipeg (MB): Council of Canadians with Disabilities.

[40] Bank of Canada. (n. d.). Inflation Calculator. Retrieved September 2017, from http://www.bankofcanada.ca/rates/related/inflation-calculator/.

[41] BC Ferries. (2016). *Queen of Oak Bay Back in Service with Upgraded Pet Areas.* Victoria (BC): BC Ferries.

[42] Best, J. R., Liu-Ambrose, T., Boudreau, R. M., Ayonayon, H. N., Satterfield, S., Simonsick, E. M., . . . Rosano, C. (2016). An evaluation of the longitudinal, bidirectional associations between gait speed and cognition in older women and men. *The Journals of Gerontology: Series A*, *71*(12), 1616-1623.

[43] Blouin, D. (2014). The Internet of Things Could Empower People with Disabilities. Retrieved May 2017, from http://www.cmswire.com/cms/internet-of-things/the-internet-of-things-could-empower-people-withdisabilities-026211.php.

[44] BlueSky. (2015). The Future of IoT in Airports — Lessons from Lon-

don City Airport. Retrieved June 2017, from http://www.totalbluesky.com/2015/03/10/future-iot-airports-lessons-london-city-airport/.

[45] Brown, C. (2016). Massive Cruise Ship Brings New Era of Arctic Tourism to Cambridge Bay. Retrieved June 2017, from http://www.cbc.ca/news/canada/north/massive-cruise-ship-brings-new-era-of-arctic-tourism-tocambridge-bay-1.3739491.

[46] Burrus, D. (2017). The Internet of Things Is Creating Smart Airports. Retrieved May 2017, from https://www.burrus.com/2017/02/internet-of-thingssmart-airports/.

[47] Butler, R. N. (1969). Age-ism: Another form of bigotry. *The Gerontologist 9*, 243-246.

[48] CAB (Centre for Ageing Better). (n. d. -a). Our Approach to Innovation and Adoption. Retrieved June 2017, from https://www.ageing-better.org.uk/aboutageingbetter/whatwedo/innovationadoption/.

[49] CAB (Centre for Ageing Better). (n. d. -b). What We Do. Retrieved June 2017, from https://www.ageingbetter.org.uk/aboutageingbetter/whatwedo/.

[50] CAB (Centre for Ageing Better). (n. d. -c). Our Approach to Evidence. Retrieved June 2017, from https://www.ageingbetter.org.uk/aboutageingbetter/whatwedo/evidence/.

[51] CAB (Centre for Ageing Better). (n. d. -d). Our Approach to Involving People with Lived Experience in Our Work. Retrieved June 2017, from https://www.ageingbetter.org.uk/aboutageingbetter/whatwedo/approachinvolvingpeoplelivedexperiencework/.

[52] CAC (Canadian Airports Council). (2016). Canada's Airports Welcome Federal Infrastructure Funds for Small Airports. Retrieved March 2017, from http://www.cacairports.ca/press-releases/canada%E2%80%99s-airportswelcome-federal-infrastructure-funds-small-airports.

[53] Candrive. (n. d.). Frequently Asked Questions. Retrieved June 2017, from http://www.candrive.ca/faqs.html.

[54] Carstairs, S. & Keon, W. J. (2009). *Canada's Aging Population: Seizing the Opportunity*. Ottawa (ON): Senate of Canada.

[55] Caspi, A. (1984). Contact hypothesis and inter-age attitudes: A field study of cross-age contact. *Social Psychology Quarterly*, *47* (1),

74-80.

[56] CATSA (Canadian Air Transport Security Authority). (n. d. -a). Seniors. Retrieved June 2017, from http://www. catsa. gc. ca/seniors.

[57] CATSA (Canadian Air Transport Security Authority). (n. d. -b). About Us. Retrieved June 2017, from http://www. catsa. gc. ca/about-us.

[58] Cattan, M., Hogg, E., & Hardill, I. (2011). Improving quality of life in ageing populations: What can volunteering do? *Maturitas*, *70*, 328-332.

[59] CBC (Canadian Broadcasting Corporation). (2011). Technology Helps Hearing Impaired Stay in "Loop." Retrieved April 2017, from http://www. cbc. ca/news/canada/ottawa/technology-helps-hearing-impaired-stay-inloop-1.995924.

[60] CBC (Canadian Broadcasting Corporation). (2017a). 'A Long Time Coming': Highway of Tears Gets 2 New Bus Routes. Retrieved June 2017, from http://www. cbc. ca/news/canada/british-columbia/a-long-time-cominghighway-of-tears-gets-2-new-bus-routes-1.4166749.

[61] CBC (Canadian Broadcasting Corporation). (2017b). Bus Route Hearings Underway as STC Signs Come Down. Retrieved October 2017, from http://www. cbc. ca/news/canada/saskatchewan/stc-signs-hearingsjune-6-1.4147961.

[62] CBS (Capitol Business Solutions). (2015). *Overview of the Canadian Approach to Accessible Transportation*. Arlington (VA): CBS.

[63] CCD (Council of Canadians with Disabilities). (2014). *Building an Inclusive and Accessible Canadian Transportation System. CCD Submission to Canada Transportation Act Review*. Winnipeg (MB): CCD.

[64] CCD (Council of Canadians with Disabilities). (2016). Speaking Notes for Transportation Round table. Retrieved January 2017, from http://www. ccdonline. ca/en/transportation/minister/Transportation-Round table-17Nov2016.

[65] CCDS (Canadian Centre on Disability Studies). (2014). *Introduction to VisitAble Housing*. Winnipeg (MB): CCDS.

[66] Chihuri, S., Mielenz, T. J., DiMaggio, C. J., Betz, M. E., DiGuiseppi, C., Jones, V. C., & Li, G. (2016). Driving cessation and

health outcomes in older adults. *Journal of the American Geriatrics Society*, *64*(2), 332-341.

[67] City of Ottawa. (2015). *Accessibility Design Standards*. Ottawa (ON): City of Ottawa.

[68] City of Toronto. (2017). Union Station Revitalization Milestones. Retrieved June 2017, from http://www1. toronto. ca/wps/portal/contentonly? vgnextoid=8515962c8c3f0410VgnVCM10000071d60f89RCRD.

[69] City of Winnipeg. (2017). Universal Design — Planning, Property and Development. Retrieved April 2017, from http://winnipeg. ca/ppd/ Universal_Design. stm.

[70] CMHR (Canadian Museum for Human Rights). (2013). CMHR to Feature the Most Inclusive Design in Canadian History; Accessibility Sets Global Example, Surpasses Smithsonian Guidelines. Retrieved April 2017, from https://humanrights. ca/about-museum/news/cmhr-feature-most-inclusivedesign-canadian-history-accessibility-sets-global.

[71] CMHR (Canadian Museum for Human Rights). (2016). Museum Wins International Award for Inclusion. Retrieved April 2017, from https://humanrights. ca/about-museum/news/museum-wins-internationalaward-inclusion.

[72] CNIB (Canadian National Institute for the Blind). (2015). CNIB Awards MIPsoft with 2015 Winston Gordon Award for Excellence in Accessible Technology. Retrieved April 2017, from http://www. cnib. ca/en/Pages/CNIB-awards-MIPsoft-with-2015-Winston-Gordon-Award--for-excellencein-accessible-technology. aspx.

[73] Cohen, J. A., Verghese, J., & Zwerling, J. L. (2016). Cognition and gait in older people. *Maturitas*, *93*, 73-77.

[74] Council of Deputy Ministers (Council of Deputy Ministers Responsible for Transportation and Highway Safety). (2010). *Intercity Bus Services Task Force Final Report*. Ottawa (ON): Council of Deputy Ministers.

[75] Crystal Cruises. (2017). Northwest Passage Explorer. Rooms & Fares. Retrieved June 2017, from http://www. crystalcruises. com/voyage/details/northwestpassage-explorer-7320#rooms_fares.

[76] CSFS (Carrier Sekani Family Services). (2006). *Highway of Tears Symposium Recommendation Report*. Prince George (BC): Carrier Se-

kani Family Services.

[77] CTA (Canadian Transportation Agency). (1998). *Code of Practice: Passenger Rail Car Accessibility and Terms and Conditions of Carriage by Rail of Persons with Disabilities.* Ottawa (ON): CTA.

[78] CTA (Canadian Transportation Agency). (2007). *Code of Practice: Passenger Terminal Accessibility.* Ottawa (ON): CTA.

[79] CTA (Canadian Transportation Agency). (2014a). *Ferry Accessibility for Persons with Disabilities Code of Practice.* Ottawa (ON): CTA.

[80] CTA (Canadian Transportation Agency). (2014b). *Strategic Plan 2014—2017: Transforming the Way We Work.* Ottawa (ON): CTA.

[81] CTA (Canadian Transportation Agency). (2015a). Monitoring the Industry for Accessibility. Retrieved August 2016, from https://www.otc-cta.gc.ca/eng/compliance-and-enforcement.

[82] CTA (Canadian Transportation Agency). (2015b). *Carriage of Mobility Aids On Board Planes, Trains and Ferries.* Ottawa (ON): CTA.

[83] CTA (Canadian Transportation Agency). (2015c). FAQ: Complaints. Retrieved July 2016, from https://services.otc-cta.gc.ca/eng/faq-complaints#a7.

[84] CTA (Canadian Transportation Agency). (2015d). *100 Years at the Heart of Transportation.* Ottawa (ON): CTA.

[85] CTA (Canadian Transportation Agency). (2016a). Training Videos on How to Assist Persons with Disabilities. Retrieved May 2017, from https://www.otc-cta.gc.ca/eng/training-videos.

[86] CTA (Canadian Transportation Agency). (2016b). Chair and CEO Scott Streiner Addresses the Economic Club of Canada on May 26, 2016. Retrieved February 2017, from https://www.otc-cta.gc.ca/eng/content/movecanadian-transportation-agency-and-opportunities-national-transportationsystem.

[87] CTA (Canadian Transportation Agency). (2016c). *Canadian Transportation Agency. Annual Report 2015—2016.* Ottawa (ON): CTA.

[88] CTA (Canadian Transportation Agency). (2016d). Acts and Regulations. Retrieved June 2016, from https://www.otc-cta.gc.ca/eng/acts-and-regulations.

[89] CTA (Canadian Transportation Agency). (2016e). Partner Organiza-

tions. Retrieved June 2016, from https://www.otc-cta.gc.ca/eng/partnerorganizations.

[90] CTA (Canadian Transportation Agency). (2016f). Accessibility for Air Carriers: About Accessibility Standards. Retrieved August 2016, from https://www.otc-cta.gc.ca/eng/accessibility-aircraft.

[91] CTA (Canadian Transportation Agency). (2017a). Mandate, Tools and Values. Retrieved March 2017, from https://www.otc-cta.gc.ca/eng/mandatetools-values.

[92] CTA (Canadian Transportation Agency). (2017b). *Personnel Training for the Assistance of Persons with Disabilities Regulations.* Ottawa (ON): CTA.

[93] Cuddy, A. J. C. & Fiske, S. T. (2002). Doddering but Dear: Process, Content, and Function in Stereotyping of Older Persons. In T. D. Nelson (Ed.), *Ageism: Stereotyping and Prejudice Against Older Persons.* Cambridge (MA): The MIT Press.

[94] Cuddy, A. J. C., Norton, M. I., & Fiske, S. T. (2005). This old stereotype: The pervasiveness and persistence of the elderly stereotype. *Journal of Social Issues*, *61*(2), 267-285.

[95] CUTA (Canadian Urban Transit Association). (n. d.). Policy Issues and Research. Retrieved May 2017, from http://cutaactu.ca/en/advocacy/policy-issuesand-research.

[96] Cvitkovich, Y. & Wister, A. (2001). The importance of transportation and prioritization of environmental needs to sustain well-being among older adults. *Environment and Behavior*, *33*(6), 809-829.

[97] Dailey, J. (2017). Uber for Elders. Retrieved March 2017, from https://senior.com/uber-for-elders/.

[98] Davey, J. A. (2007). Older people and transport: Coping without a car. *Ageing & Society*, *27*, 49-65.

[99] Davies, D. K., Stock, S. E., Holloway, S., & Wehmeyer, M. L. (2010). Evaluating a GPS-based transportation device to support independent bus travel by people with intellectual disability. *Intellectual and Developmental Disabilities*, *48*(6), 454-463.

[100] Deloitte. (2010). *Hospitality 2015. Game Changers or Spectators?* London, United Kingdom: Deloitte.

[101] Department for Transport. (2014). *How People Travel — Air*. London, United Kingdom: Department for Transport.

[102] Dickerson, A. E., Molnar, L. J., Eby, D. W., Adler, G., Bedard, M., Berg-Weger, M., . . . Trujillo, L. (2007). Transportation and aging: A research agenda for advancing safe mobility. *The Gerontologist*, *47*(5), 578-590.

[103] Dimitrakopoulos, G. & Demestichas, P. (2010). Intelligent transportation systems. *IEEE Vehicular Technology Magazine*, *5*(1), 77-84.

[104] Dobbs, B. M. (2008). Aging Baby Boomers — A blessing or challenge for driver licensing authorities. *Traffic Injury Prevention*, *9*(4), 379-386.

[105] DOJ (U. S. Department of Justice). (2009). *Americans with Disabilities Act of 1990, As Amended*. Washington (DC): DOJ.

[106] DOT (U. S. Department of Transportation). (2016a). *Resolution of the U. S. Department of Transportation Access Committee*. Washington (DC): DOT.

[107] DOT (U. S. Department of Transportation). (2016b). ACCESS Advisory Committee. Retrieved February 2017, from https://www.transportation.gov/access-advisory-committee.

[108] Edwards, J. D., Lunsman, M., Perkins, M., Rebok, G. W., & Roth, D. L. (2009). Driving cessation and health trajectories in older adults. *The Journals of Gerontology: Series A*, *64*(12), 1290-1295.

[109] Erlichman, J. (2016). Uber Launches New Service Targeting Elderly Torontonians. Retrieved May 2017, from http://www.bnn.ca/uber-launches-new-servicetargeting-elderly-torontonians-1.554964.

[110] ESDC (Employment and Social Development Canada). (2017). *Accessible Canada*. Ottawa (ON): ESDC.

[111] EU (European Union). (2006). *Regulation (EC) No 1107/2006 of the European Parliament and of the Council of 5 July 2006 Concerning the Rights of Disabled Persons and Persons with Reduced Mobility When Travelling by Air*. Brussels, Belgium: EU.

[112] EU (European Union). (2015). *European Structural and Investment*

Funds 2014—2020: *Official Texts and Commentaries*. Brussels, Belgium: EU.

[113] European Commission. (2013). *Economic Impact and Travel Patterns of Accessible Tourism in Europe — Final Report*. Brussels, Belgium: European Commission.

[114] Faruk, M., Ormerod, M., Newton, R., MacLennan, H., & Abbas, M. Y. (2008). Tactile Paving a Necessary Intervention, but Does It Suit Everyone? In P. D. Bust (Ed.), *Contemporary Ergonomics 2008*. Chippenham, United Kingdom: Taylor & Francis.

[115] FCM (Federation of Canadian Municipalities). (2006). *Your Guide to Municipal Institutions in Canada*. Ottawa (ON): FCM.

[116] Finucane, M. L. (2008). Emotion, affect, and risk communication with older adults: Challenges and opportunities. *Journal of Risk Research*, *11*(8), 983-997.

[117] Forrester. (2016). *2017* Predictions: *Dynamics That Will Shape the Future in the Age of the Customer*. Cambridge (MA): Forrester.

[118] Frank, L. D. & Ngo, V. D. (*2016*). *Study of Travel*, *Health and Activity Patterns Before and After the Redesign of the Comox-Helmcken Greenway Corridor*. Vancouver (BC): Health and Community Design Lab, University of British Columbia.

[119] Frye, A. (*2015*a). *Comparing Canadian and European Approaches to Transportation Accessibility*: *Final Report Submitted to the Canada Transportation Act Review*. London, United Kingdom: Ann Frye Limited.

[120] Frye, A. (*2015*b). *Capitalising on the Grey-Haired Globetrotters*. Paris, France: OECD.

[121] Frye, A. (*2015*c). *Comparative Analysis of Canadian & European Approaches to Accessible Transportation Standards*: *Summary Report Submitted to the Canada Transportation Act Review*. London, United Kingdom: Ann Frye Limited.

[122] Fujiyama, T., Childs, C., Boampong, D., & Tyler, N. (*2007*). *How Do Elderly Pedestrians Perceive Hazards in the Street? An Initial Investigation Towards Development of a Pedestrian Simulation That Incorporates Reaction of Various Pedestrians to Environments*. Paper

presented at the 11th International Conference on Mobility and Transport for the Elderly and Disabled Persons (TRANSED), Montréal (QC).

[123] GC (Government of Canada). (2006). *Motor Vehicle Transport Act.* Ottawa (ON): GC.

[124] GC (Government of Canada). (2010). Voluntary Codes Guide - What Is a Voluntary Code? Retrieved August 2016, from https://www.ic.gc.ca/eic/site/oca-bc.nsf/eng/ca00963.html.

[125] GC (Government of Canada). (2012). *Air Transportation Regulations.* Ottawa (ON): GC.

[126] GC (Government of Canada). (2014). *Canadian Human Rights Act.* Ottawa (ON): GC.

[127] GC (Government of Canada). (2015a). Life in a First Nations Remote and/or Isolated Community. Retrieved May 2017, from https://www.canada.ca/en/health-canada/services/nursing-careers/living-remote-or-isolatedcommunity/life-first-nations-remote-or-isolated-community.html.

[128] GC (Government of Canada). (2015b). *Pathways: Connecting Canada's Transportation System to the World. Volume* 1. Ottawa (ON): GC.

[129] GC (Government of Canada). (2015c). *Canada Transportation Act.* Ottawa (ON): GC.

[130] GC (Government of Canada). (2015d). *Pathways: Connecting Canada's Transportation System to the World. Volume 2 — Appendices.* Ottawa (ON): GC.

[131] GC (Government of Canada). (2016a). Background. Retrieved March 2017, from http://www.tc.gc.ca/eng/ctareview2014/background.html.

[132] GC (Government of Canada). (2016b). Minister Garneau Presents His Strategy for the Future of Transportation in Canada: Transportation 2030. Retrieved March 2017, from http://news.gc.ca/web/article-en.do? nid=1146799.

[133] GC (Government of Canada). (2017a). Smart Cities Challenge — Get Ready! Retrieved September 2017, from http://www.infrastruc-

ture. gc. ca/plan/cities-villes-eng. html.

[134] GC (Government of Canada). (2017b). Canada Infrastructure Bank. Retrieved September 2017, from http://www. infrastructure. gc. ca/CIB-BIC/indexeng. html.

[135] GC (Government of Canada). (2017c). *Federal Budget* 2017: *Building a Strong Middle Class*. Ottawa (ON): GC.

[136] GC (Government of Canada). (2017d). Investing in Canada Plan. Retrieved September 2017, from http://www. infrastructure. gc. ca/plan/aboutinvest-apropos-eng. html#about.

[137] Gilhooly, M., Hamilton, K., O'Neill, M., Gow, J., Webster, N., Pike, F., & Bainbridge, C. (2002). *Transport and Ageing: Extending Quality of Life for Older People Via Public and Private Transport*. Glasgow, Scotland: Economic & Social Research Council.

[138] Goodall, W., Dovey Fishman, T., Bornstein, J., & Bonthron, B. (2017). The rise of mobility as a service, *Deloitte Review*, *20*.

[139] Gov. of BC (Government of British Columbia). (n. d.). Senior Drivers. Retrieved August 2017, from http://www2. gov. bc. ca/gov/content/transportation/driving-and-cycling/driver-medical/driver-medical-fitness/senior-drivers.

[140] Gov. of BC (Government of British Columbia). (2017). Highway 16 Transportation Action Plan. Retrieved March 2017, from http://www2. gov. bc. ca/gov/content/transportation/transportationreportsandreference/reportsstudies/planningstrategiceconomic/highway16actionplan.

[141] Gov. of ON (Government of Ontario). (2005). *Accessibility for Ontarians with Disabilities Act*. Toronto (ON): Gov. of ON.

[142] Gov. of ON. (2017). Renew a G Driver's Licence: 80 Years and Over. Retrieved June 2017, from https://www. ontario. ca/page/renew-g-drivers-licence-80-years-and-over.

[143] Green, M. (2013). Visual Forensics of Older Drivers. Retrieved July 2016, from http://www. visualexpert. com/Resources/olderdrivers. html.

[144] Greyhound. (2016a). About Greyhound. Retrieved August 2016, from https://www. greyhound. ca/en/about/default. aspx.

[145] Greyhound. (2016b). Historical Timeline. Retrieved August 2016, from https://www.greyhound.ca/en/about/historicaltimeline.aspx.

[146] Gulliksen, J., Goransson, B., Boivie, I., Blomkvist, S., Persson, J., & Cajander, A. (2003). Key principles for user-centred systems design. *Behaviour & Information Technology*, *22*(6), 397-409.

[147] Hetzner, S., Tenchkhoff-Eckhardt, A., Slyschak, A., & Held, P. (2014). Promoting digital literacy for seniors, the aptitude of tablet-pcs. *eLearning Papers*, *38*, 1-12.

[148] HLAA (Hearing Loss Association of America). (2017). Hearing Loop Technology. Retrieved February 2017, from http://www.hearingloss.org/content/loop-technology.

[149] Hopper, T. (2016). 'Do You Live Here All Year?' Nunavut Community Invaded by Largest Cruise Ship in Arctic History. Retrieved June 2017, from http://nationalpost.com/news/do-you-live-here-all-year-nunavut-communityinvaded-by-largest-cruise-ship-in-arctic-history/wcm/1294950b-60c9-490c-8b28-27b91d6ca949.

[150] Huang, A. R., Larente, N., & Morais, J. A. (2011). Moving towards the age friendly hospital. A paradigm shift for the hospital-based care of the elderly. *Canadian Geriatrics Journal*, *14*(4), 100-103.

[151] Hudon, T. & Milan, A. (2016). *Senior Women*. Ottawa (ON): Statistics Canada.

[152] Hung, K., Petrick, J. F., & O'Leary, J. T. (2007). *Do We Change Our Travel Behaviours as We Get Older? An Investigation on the Variations of Travel Behaviour Across Different Age Cohorts*. Paper presented at the Travel and Tourism Research Associated Conference, Las Vegas (NV).

[153] ICAO (International Civil Aviation Organization). (2013). *Manual on Access to Air Transport by Persons with Disabilities*. Montréal (QC): ICAO.

[154] ICAO (International Civil Aviation Organization). (n.d.). About ICAO. Retrieved January 2017, from http://www.icao.int/about-icao/Pages/default.aspx.

[155] ICC (Inuit Circumpolar Council). (2008). *The Sea Ice Is Our High-*

way: *An Inuit Perspective on Transportation in the Arctic*. Ottawa (ON): ICC.

[156] ICC (Inuit Circumpolar Council). (2014). *The Sea Ice Never Stops*: *Circumpolar Inuit Reflections on Sea Ice Use and Shipping in Inuit Nunaat*. Ottawa (ON): ICC.

[157] IDeA (Center for Inclusive Design and Environmental Access). (2014). Multisensory Interactive Models. Retrieved February 2017, from http://udeworld.com/multisensory-interactive-models.html.

[158] IDRC (Inclusive Design Research Centre (OCAD University)). (n.d.). About the IDRC. Retrieved April 2017, from http://idrc.ocadu.ca/about-the-idrc.

[159] Industry Canada. (2011). *Canada's Federal Tourism Strategy*: *Welcoming the World*. Ottawa (ON): Industry Canada.

[160] Ions, B. (2014). *Years Ahead*: *A Report on Older Person Friendly Seating*. Newcastle, United Kingdom: Newcastle University.

[161] iTunes (iTunes App Store). (2017a). Wheelmap. Retrieved August 2017, from https://itunes.apple.com/us/app/wheelmap/id399239476?mt=8.

[162] iTunes (iTunes App Store). (2017b). BlindSquare on the App Store. Retrieved April 2017, from https://itunes.apple.com/app/blindsquare/id500557255.

[163] iTunes (iTunes App Store). (2017c). AccessNow. Retrieved August 2017, from https://itunes.apple.com/ca/app/accessnow/id1162504545? mt=8.

[164] iTunes (iTunes App Store). (2017d). ASX Map v2. Retrieved August 2017, from https://itunes.apple.com/ca/app/axs-map-v2/id554015666? mt=8.

[165] Iversen, T. N., Larsen, L., & Solem, P. E. (2009). A conceptual analysis of ageism. *Nordic Psychology*, *61*(3), 4-22.

[166] Iwarsson, S. & Stahl, A. (2003). Accessibility, usability and universal design — Positioning and definition of concepts describing person - environment relationships. *Disability and Rehabilitation*, *25*(2), 57-66.

[167] Jang, S. & Ham, S. (2009). A double-hurdle analysis of travel ex-

penditure: Baby boomer seniors versus older seniors. *Tourism Management*, *30*, 372-380.

[168] Joseph, A. E. & Fuller, A. M. (1991). Towards an integrative perspective on the housing, services and transportation implications of rural aging. *Canadian Journal on Aging*, *10*(2), 127-148.

[169] Karekla, X., Fujiyama, T., & Tyler, N. (2011). Evaluating accessibility enhancements to public transport including indirect as well as direct benefits. *Research in Transportation Business & Management*, *2*, 92-100.

[170] Kazeminia, A., Del Chiappa, G., & Jafari, J. (2015). Seniors' travel constraints and their coping strategies. *Journal of Travel Research*, *54*(1), 80-93.

[171] Kendrick, S. (2017, February 7). Opinion: Greyhound Seeking Solution for Stranded Riders, *The Edmonton Journal*.

[172] Kim, S. & Ulfarsson, G. (2013). Transportation in an aging society: Linkage between transportation and quality of life. *Transportation Research Record: Journal of the Transportation Research Board*, *2357*, 109-115.

[173] Kinzie, M. B., Cohn, W. F., Julian, M. F., & Knaus, W. A. (2002). A user-centred model for web site design: Needs assessment, user interface design, and rapid prototyping. *Journal of the American Medical Informatics Association*, *9*(4), 320-330.

[174] Kirkland, S. A., Griffith, L. E., Menec, V., Wister, A., Payette, H., Wolfson, C., & Raina, P. S. (2015). Mining a unique Canadian resource: The Canadian Longitudinal Study on Aging. *Canadian Journal on Aging/La Revue canadienne du viellissement*, *34*(3), 366-377.

[175] KLM (KLM Royal Dutch Airlines). (2017). Travel by Bus or Train on a KLM Ticket. Retrieved March 2017, from https://www.klm.com/travel/gb_en/plan_and_book/ticket_information/travel_by_train_on_a_klm_ticket/index.htm.

[176] Lasby, D. (2004). *The Volunteer Spirit in Canada: Motivations and Barriers*. Toronto (ON): Canadian Centre for Philanthropy.

[177] Lee, C.-F. & King, B. (2016). Determinants of attractiveness for a

seniors-friendly destination: A hierarchical approach. *Current Issues in Tourism*, *2016*, 1-20.

[178] Les Compagnons du Voyage. (2017). Our Prices. Retrieved April 2017, from http://www. compagnons. com/infos-pratique/tarifs. html.

[179] Levy, S. R. (2016). Toward reducing ageism: PEACE (Positive Education About Aging and Contact Experiences) model. *The Gerontologist*, gnw116.

[180] Lofthouse, V. A. & Lilley, D. (2006). *What they really, really want: User centered research methods for design.* Paper presented at International Design Conference — Design 2006, Dubrovnik, Croatia.

[181] LTD (Lane District Transit). (n. d.). Bus Buddy Program. Retrieved April 2017, from https://www. ltd. org/bus-buddy-program/.

[182] MaaS Global. (n. d.). MaaS as a Concept. Retrieved August 2017, from http://maas. global/maas-as-a-concept/.

[183] Mah, B. (2016, March 16). No Transit to Edmonton's New Greyhound Depot, but You Can Hop a Train Once There, *The Edmonton Journal*.

[184] Mandala Research LLC. (2015). *Research Among Adults with Disabilities*. Chicago (IL): Open Doors Organization.

[185] Marottloi, R. A., Mendes de Leon, C. F., Glass, T. A., Williams, C. S., Cooney Jr., L. M., Berkman, L. F., & Tinetti, M. E. (1997). Driving cessation and increased depressive symptoms: Prospective evidence for the New Haven EPESE. *Journal of the American Geriatrics Society*, *45*(2), 202-206.

[186] Marr, E. (2015). Assessing transportation disadvantage in rural Ontario, Canada: A case study of Huron County. *Journal of Rural and Community Development*, *10*(2), 100-120.

[187] Mayhew, D., Hing, M. M., & Vanlaar, W. (2016). *Progression Through Graduated Driver Licensing Programs*. Ottawa (ON): Traffic Injury Research Foundation.

[188] McDonough, C. C. (2016). The effect of ageism on the digital divide among older adults. *HSOA Journal of Gerontology & Geriatric Medicine*, 2(1), 100008.

[189] Medaire. (n. d.). Medical Advisory Services: MedLink. Retrieved June 2017, from http://www. medaire. com/airlines/solutions.

[190] Mein, P. , Kirchhoff, A. , & Fagan, P. (2014). *Impacts of Aging Travelers on Airports.* Washington (DC): Transportation Research Board of the National Academies.

[191] Metrolinx. (2014). *Metrolinx Accessibility Status Report: 2014.* Toronto (ON): Metrolinx.

[192] Metrolinx. (2015). *Metrolinx Accessibility Status Report: 2015.* Toronto (ON): Metrolinx.

[193] Metrolinx. (n. d.). Metrolinx Overview. Retrieved April 2017, from http://www. metrolinx. com/en/aboutus/metrolinxoverview/metrolinx_overview. aspx.

[194] Metz, D. H. (2000). Mobility of older people and their quality of life. *Transport Policy*, *7*, 149-152.

[195] MIT (Massachusetts Institute of Technology). (n. d.). *Traffic & Capacity.* Cambridge (MA): MIT.

[196] Morris, F. (2016). Five Ways IoT Will Change How You Experience Air Travel. Retrieved May 2017, from https://www. ibm. com/blogs/internet-ofthings/smart-air-travel/.

[197] MTR (Hong Kong Mass Transit Railway). (2016). Privileges and Complimentary Services. Retrieved February 2017, from http://www. mtr. com. hk/en/customer/services/complom_connections. html.

[198] Musselwhite, C. & Haddad, H. (2008). *A Grounded Theory Exploration Into the Driving and Travel Needs of Older People.* Paper presented at the 40th Universities Transport Study Group Conference, Portsmouth, United Kingdom.

[199] Musselwhite, C. & Haddad, H. (2010). Mobility, accessibility and quality of later life. *Quality in Ageing and Older Adults*, *11*(1), 25-37.

[200] Newman, N. (2014). Opinion piece: Apple iBeacon technology briefing. *Journal of Direct, Data and Digital Marketing Practice*, *15*, 222-225.

[201] Newton, R. , Ormerod, M. , Burton, E. , Mitchell, L. , & Ward-Thompson, C. (2010). Increasing independence for older people

through good street design. *Journal of Integrated Care*, *18*(3), 24-29.

[202] Nicolson, C. (2008). *Risk Mitigation Associated with Airport Escalator and Moving Sidewalk Operations.* Calgary (AB): International Association of Airport Executives Canada.

[203] NIDCD (National Institute on Deafness and Other Communication Disorders). (2016). Age-Related Hearing Loss. Retrieved August 2016, from https://www.nidcd.nih.gov/health/age-related-hearing-loss.

[204] NYC DOT (New York City District of Transit). (2017). City Bench. Retrieved February 2017, from http://www.nyc.gov/html/dot/html/pedestrians/citybench.shtml.

[205] NZMBIE (New Zealand Ministry of Business, Innovation and Employment). (2009). *Outbound Travel by New Zealand Residents.* Wellington, New Zealand: NZMBIE.

[206] O'Donnell, V., Wendt, M., & National Association of Friendship Centres. (2017). *Aboriginal Seniors in Population Centres in Canada.* Ottawa (ON): Statistics Canada.

[207] ODO (Open Doors Organization). (n.d.). Training. Retrieved February 2017, from http://opendoorsnfp.org/workshopsconferences/training-2/.

[208] OECD (Organisation for Economic Co-operation and Development). (2001). *Ageing and Transport. Mobility Needs and Safety Issues.* Paris, France: OECD.

[209] ONE-ITS (Online Network-Enabled Intelligent Transportation Systems). (n.d.). ONT-ITS In Brief. Retrieved May 2017, from http://128.100.217.245/web/one-its/one-its-in-brief.

[210] Ontario Ministry of Transportation. (2016). *Automated Vehicles Coming to Ontario Roads.* Toronto (ON): Ontario Ministry of Transportation.

[211] Oum, T., Stanbury, W., & Tretheway, M. (1991). Airline deregulation in Canada and its economic effects. *Transportation Journal*, *30*(4), 4-22.

[212] Oxford Economics. (2014). *Shaping the Future of Travel: Macro*

Trends Driving Industry Growth Over the Next Decade. Oxford, United Kingdom: Oxford Economics.

[213] Ozdenizci, B., Coskun, V., & Ok, K. (2015). NFC internal: An indoor navigation system. *Sensors*, *15*(4), 7571-7595.

[214] Padova, A. (2005). *The Current State of Transportation in Canada: Road, Rail, Water and Air.* Ottawa (ON): Library of Parliament.

[215] Palmore, E. (1999). *Ageism: Negative and Positive*, 2nd *Edition.* New York (NY): Springer Publishing Company.

[216] Pesonen, J., Komppula, R., & Riihinen, A. (2015). Typology of senior travelers as users of tourism information technology. *Information Technology & Tourism*, *15*(3), 233-252.

[217] PHAC (Public Health Agency of Canada). (2011). *Age-Friendly Rural and Remote Communities: A Guide.* Ottawa (ON): PHAC.

[218] Pluijter, N., de Wit, L. P. W., Bruijn, S. M., & Plaisier, M. A. (2015). Tactile pavement for guiding walking direction: An assessment of heading direction and gait stability. *Gait & Posture*, *42*, 534-538.

[219] Porter, C. E. & Donthu, N. (2006). Using the technology acceptance model to explain how attitudes determine Internet usage: The role of perceived access barriers and demographics. *Journal of Business Research*, *59*(9), 999-1007.

[220] Press, J. (2017). Ottawa Unveils $2.1B in Spending on Transportation Corridors and More. Retrieved July 2017, from http://www.cbc. ca/beta/news/business/infrastructure-spending-ports-airports-borders-1.4189359.

[221] Prime Minister of Canada. (2016). Statement by the Prime Minister on the International Day of Persons with Disabilities. Retrieved March 2017, from http://pm. gc. ca/eng/news/2016/12/03/statement-prime-ministerinternational-day-persons-disabilities.

[222] Pruitt, J. & Adlin, T. (2010). *The Persona Lifecycle. Keeping People in Mind Throughout Product Design.* San Fransico (CA): Elsevier.

[223] Quan-Hasse, A., Martin, K., & Schreurs, K. (2016). Interviews with digital seniors: ICT use in the context of everyday life. *Informa-*

tion, Communication & Society, *19*(5), 691-707.

[224] Rabson, M. (2017, May 16). Passenger Rights Bill Stops Airlines from Bumping Passengers Without Consent, *The Globe and Mail.*

[225] Rail Europe. (2017). Express Flight Luggage to Switzerland. Retrieved August 2017, from https://www.raileurope.ca/activities/fly-rail-baggage-toswitzerland/index.html.

[226] Raina, P. S., Wolfson, C., Kirkland, S. A., Griffith, L. E., Oremus, M., Patterson, C., . . . Brazil, K. (2009). The Canadian Longitudinal Study on Aging (CLSA). *Canadian Journal on Aging/La Revue canadienne du viellissement*, *28*(03), 221-223.

[227] Rapoport, M. J., Cameron, D. H., Sanford, S., & Naglie, G. (2017). A systematic review of intervention approaches for driving cessation in older adults. *International Journal of Geriatric Psychiatry*, *32*(5), 484-491.

[228] RBC (Royal Bank of Canada). (2015). Three Top Retirement Realities for Canadian Boomers: 2015 RBC Retirement Myths & Realities Poll. Retrieved July 2016, from http://www.rbc.com/newsroom/news/2015/20150806-retirement-myths.html.

[229] Road Scholar. (n.d.-a). Who Is a Road Scholar? Retrieved June 2017, from https://www.roadscholar.org/roadscholar-experience/people/.

[230] Road Scholar. (n.d.-b). Our Experiential Learning Opportunities Change Lives. Retrieved June 2017, from https://www.roadscholar.org/about/.

[231] Roden, P. (2013). Aging in Place and Environmental Press. Retrieved September 2017, from http://aginginplace.com/aging-in-place-and-environmentalpress/.

[232] Rome2rio. (2017). About Rome2rio. Retrieved April 2017, from https://www.rome2rio.com/about/.

[233] Rowe, G., S., V., Haster, L., & Lenartowicz, A. (2006). Attentional disregulation: A benefit for implicit memory. *Psychology of Aging*, *21*(4), 826-830.

[234] Sakamoto, M. (2014). Technical innovation in railway service: The JR east app. *JR East Technical Review*, *28*(Spring), 5-8.

[235] Saxon, S. V., Etton, M. J., & Perkins, E. A. (2014). *Physical Change and Aging: A guide for the Helping Professions*. New York (NY): Springer Publishing Company.

[236] SCC (Supreme Court of Canada). (2007). *Council of Canadians with Disabilities v. VIA Rail Canada Inc.* Ottawa (ON): SCC.

[237] Schwartz, L. K. & Simmons, J. P. (2001). Contact quality and attitudes toward the elderly. *Educational Gerontology*, *27* (2), 127-137.

[238] SDT (Senior Discovery Tours). (n. d. -a). Why Senior Discovery Tours. Retrieved May 2017, from https://seniordiscoverytours. ca/about-us/why-seniordiscovery-tours/.

[239] SDT (Seniors Discovery Tours). (n. d. -b). Senior Discovery Tours Aims to Improve the Everyday Lives of People with Disabilities. Retrieved May 2017, from https://seniordiscoverytours. ca/about-us/accessibility-for-ontarians/.

[240] Shields, M. (2004). *Use of Wheelchairs and Other Mobility Support Devices*. Ottawa (ON): Statistics Canada.

[241] Small data lab. (2017). Small Data. Retrieved September 2017, from http://smalldata. io/.

[242] Sorensen, C. (2013). It's Not Your Imagination, Airlines Really are Shrinking the Size of Seats. Retrieved August 2017, from http://www. macleans. ca/economy/business/its-not-your-imagination-airlines-really-are-shrinkingthe-size-of-seats/.

[243] Sorond, F. A., Cruz-Almeida, Y., Clark, D. J., Viswanathan, A., Scherzer, C. R., De Jager, P., . . . Lipsitz, L. A. (2015). Aging, the central nervous system, and mobility in older adults: Neural mechanisms of mobility impairment. *The Journals of Gerontology: Series A*, *170*(12), 1526-1532.

[244] StatCan (Statistics Canada). (n. d.). Remote Communities Database. Retrieved April 2017, from https://www2. nrcan-rncan. gc. ca/eneene/sources/rcdbce/index. cfm? fuseaction = admin. home1.

[245] StatCan (Statistics Canada). (2009). *Canadian Community Health Survey — Healthy Aging*. Ottawa (ON): StatCan.

[246] StatCan (Statistics Canada). (2013). *Aboriginal Peoples in Cana-*

da: *First Nations People*, *Métis and Inuit*. Ottawa (ON): StatCan.

[247] StatCan (Statistics Canada). (2014). *Study*: *Emerging Trends in Living Arrangements and Conjugal Unions for Current and Future Seniors*, *1981 to 2011*. Ottawa (ON): StatCan.

[248] StatCan (Statistics Canada). (2015a). Rural Area (RA). Retrieved May 2017, from http://www12.statcan.ca/census-recensement/2011/ref/dict/geo042-eng.cfm.

[249] StatCan (Statistics Canada). (2015b). *Study*: *Grandparents Living with their Grandchildren*, *2011*. Ottawa (ON): StatCan.

[250] StatCan (Statistics Canada). (2015c). Canada's Population Estimates: Age and Sex, July 1, 2015. Retrieved May 2016, from http://www.statcan.gc.ca/daily-quotidien/150929/dq150929b-eng.htm.

[251] StatCan (Statistics Canada). (2015d). *CANSIM Table 111-0035. Seniors' Characteristics*, *by Age Group and Source of Income*. Ottawa (ON): StatCan.

[252] StatCan (Statistics Canada). (2015e). National Seniors Day... by the Numbers. Retrieved May 2016, from http://www.statcan.gc.ca/eng/dai/smr08/2014/smr08_191_2014#a1.

[253] StatCan (Statistics Canada). (2016a). *Age* (*131*) *and Sex* (*3*) *for the Population of Canada and Forward Sortation Areas*, *2011 Census*. Ottawa (ON): StatCan.

[254] StatCan (Statistics Canada). (2016b). *CANSIM Table* 427-0009. *Travel by Canadians to the United States*, *Top 15 States Visited Annual*. Ottawa (ON): StatCan.

[255] StatCan (Statistics Canada). (2016c). *CANSIM Table 427-0007. Travel by Canadians to Foreign Countries*, *Top 15 Countries Visited Annual*. Ottawa (ON): StatCan.

[256] StatCan (Statistics Canada). (2016d). *CANSIM Table 051-0001. Estimates of Population*, *by Age Group and Sex for July 1*, *Canada*, *Provinces and Territories*, *Annual*. Ottawa (ON): StatCan.

[257] StatCan (Statistics Canada). (2016e). *CANSIM Table 282-0002. Labour Force Survey Estimates* (*LFS*), *by Sex and Detailed Age Group*. Ottawa (ON): StatCan.

[258] StatCan (Statistics Canada). (2017a). *CANSIM Table 426-0025.*

Travel Survey of Residents of Canada, Domestic Trips, Expenditures and Nights, in Canada, by Traveller Characteristics and Trip Duration. Ottawa (ON): StatCan.

[259] StatCan (Statistics Canada). (2017b). *Population by Broad Age Groups and Sex, 2016 Counts for Both Sexes, Canada, Provinces and Territories, 2016 Census — 100% Data.* Ottawa (ON): StatCan.

[260] StatCan (Statistics Canada). (2017c). *Population Trends by Age and Sex.* Ottawa (ON): StatCan.

[261] StatCan (Statistics Canada). (2017d). *CANSIM Table 206-0041. Low Income Statistics by Age, Sex and Economic Family Type, Canada, Provinces and Selected Census Metropolitan Areas (CMAs).* Ottawa (ON): StatCan.

[262] StatCan (Statistics Canada). (2017e). *CANSIM Table 206-0052. Income of Individuals by Age Group, Sex and Income Source, Canada, Provinces and Selected Census Metropolitan Areas.* Ottawa (ON): StatCan.

[263] Staxi. (n. d. -a). Staxi Airport Chair. Retrieved August 2017, from http://www.staxi.com/media/file/product/airport_chair_datasheet.pdf.

[264] Staxi. (n. d. -b). Staxi Boarding Chair. Retrieved August 2017, from http://www.staxi.com/media/file/product/boarding_chair_data_sheet.pdf.

[265] STC (Saskatchewan Transportation Company). (2016). *Saskatchewan Transportation Company Annual Report 2015—2016.* Regina (SK): STC.

[266] STC (Saskatchewan Transportation Company). (2017). Saskatchewan Transportation Company Annual Report. Retrieved August 2017, from https://www.stcbus.com/Corporate/ci_annualreport2016.aspx.

[267] STS (Swiss Travel System). (n. d.). Travelling to Switzerland. Retrieved April 2017, from http://www.swisstravelsystem.com/en/getting-around/getting-around-baggage/into-switzerland.html.

[268] Sylvestre, G., Christopher, G., & Snyder, M. (2006). *The Mobility Needs and Transportation Issues of the Aging Population in Rural Manitoba.* Winnipeg (MB): Manitoba Seniors and Healthy Aging

Secretariat.

[269] TC (Transport Canada). (2006). *Sustainable Transportation in Small and Rural Communities.* Ottawa (ON): TC.

[270] TC (Transport Canada). (2010). National Airports Policy. Retrieved August 2016, from https://www.tc.gc.ca/eng/programs/airports-policy-nas-1129.htm.

[271] TC (Transport Canada). (2011). *Intercity Bus Code of Practice.* Ottawa (ON): TC.

[272] TC (Transport Canada). (2012). *Transportation in Canada 2011. Statistical Addendum.* Ottawa (ON): TC.

[273] TC (Transport Canada). (2013). What We Do. Retrieved June 2016, from http://www.tc.gc.ca/eng/aboutus-whatwedo.htm.

[274] TC (Transport Canada). (2014). *Transportation in Canada 2013. Statistical Addendum.* Ottawa (ON): TC.

[275] TC (Transport Canada). (2015). Innovation Policy. Retrieved April 2017, from http://www.tc.gc.ca/eng/innovation/innovation-policy-menu.htm.

[276] TC (Transport Canada). (2016a). *Transportation in Canada 2015.* Ottawa (ON): TC.

[277] TC (Transport Canada). (2016b). Transportation 2030 — A Strategic Plan for the Future of Transportation in Canada. Retrieved March 2017, from https://www.tc.gc.ca/eng/future-transportation-canada.html.

[278] TC (Transport Canada). (2016c). List of Regulations. Retrieved August 2017, from https://www.tc.gc.ca/eng/acts-regulations/regulations.htm.

[279] TC (Transport Canada). (2016d). Rail Safety. Retrieved May 2017, from https://www.tc.gc.ca/eng/railsafety/menu.htm#s3.

[280] TC (Transport Canada). (2016e). Accessible Transportation. Retrieved August 2016, from http://www.tc.gc.ca/eng/policy/acc-accf-menu.htm.

[281] TC (Transport Canada). (2016f). *Transportation in Canada 2015. Statistical Addendum.* Ottawa (ON): TC.

[282] TC (Transport Canada). (2016g). *Minister-Led Rountable: The*

North. Ottawa (ON): TC.

[283] TC (Transport Canada). (2016h). *Minister-Led Indigenous Roundtable on the Future of Transportation.* Ottawa (ON): TC.

[284] TCRP (Transit Cooperative Research Program). (2017). About TCRP. Retrieved May 2017, from http://www.tcrponline.org/SitePages/aboutTCRP.aspx.

[285] TfL (Transport for London). (n. d. -a). Open Data Users. Retrieved September 2017, from https://tfl.gov.uk/info-for/open-data-users/.

[286] TfL (Transport for London). (n. d. -b). Plan a Journey. Retrieved April 2017, from https://tfl.gov.uk/plan-a-journey/.

[287] The Canadian Press. (2014). Seniors' Smartphone Usage Low Among Canadians. Retrieved February 2017, from http://www.cbc.ca/news/technology/seniors-smartphone-usage-low-among-canadians-1.2504945.

[288] Tierney, D. (2009, June 20). Cruise Ships Chart New Course to Accessibility, *The Toronto Star.*

[289] TransLink. (2017a). Getting to the Airport. Retrieved September 2017, from https://www.translink.ca/en/Getting-Around/Getting-to-the-Airport.aspx.

[290] TransLink. (2017b). Transit 101. Retrieved February 2017, from http://www.translink.ca/en/RiderGuide/Transit101.aspx.

[291] TRB (Transportation Research Board). (2004). *Transportation in an Aging Society. A Decade of Experience. Technical Papers and Reports from a Conference November 7—9, 1999.* Washington (DC): Transportation Safety Board of the National Academies.

[292] TRB (Transportation Research Board). (2016). *Between Public and Private Mobility: Examining the Rise of Technology-Enabled Transportation Services.* Special Report 319 Washington (DC): Transportation Research Board of the National Academies.

[293] TRB (Transportation Research Board). (2017a). Airport Cooperative Research Program. Retrieved May 2017, from http://www.trb.org/ACRP/ACRPOverview.aspx.

[294] TRB (Transportation Research Board). (2017b). All ACRP Projects. Retrieved May 2017, from http://www.trb.org/ACRP/ACRP-

Projects. aspx.

[295] TRB (Transportation Research Board). (2017c). *Transportation Research Board: Innovation and Research Since 1920*. Washington (DC): The National Academies of Sciences, Engineering, and Medicine.

[296] TRB (Transportation Research Board). (2017d). Transit Cooperative Research Program Overview. Retrieved May 2017, from http://www. trb. org/TCRP/TCRPOverview. aspx.

[297] TSA (Transportation Security Administration). (n. d.). Passenger Support. Retrieved February 2017, from https://www. tsa. gov/travel/passengersupport.

[298] TSB (Transportation Safety Board of Canada). (2016). About the TSB. Retrieved July 2017, from http://www. tsb. gc. ca/eng/qui-about/index. asp.

[299] Turcotte, M. & Schellenberg, G. (2006). *A Portrait of Seniors in Canada*. Ottawa (ON): Statistics Canada.

[300] Turcotte, M. (2012). *Profile of Seniors' Transportation Habits*. Ottawa (ON): Statistics Canada.

[301] U. K. Government (Government of the United Kingdom). (2014). *Review of the Balance of Competences Between the United Kingdom and the European Union: Subsidiarity and Proportionality*. London, United Kingdom: U. K. Government.

[302] UNDP (United Nations Development Program). (2010). *A Review of International Best Practice in Accessible Public Transportation for Persons with Disabilities*. Kuala Lumpur, Malaysia: UNDP.

[303] University of Manitoba. (2016). Transport Institute Profile. Retrieved May 2017, from http://umanitoba. ca/faculties/management/ti/ti_profile. html.

[304] Usability. gov. (n. d. -a). User-Centered Design Basics. Retrieved June 2017, from https://www. usability. gov/what-and-why/user-centered-design. html.

[305] Usability. gov. (n. d. -b). Benefits of User-Centered Design. Retrieved August 2017, from https://www. usability. gov/what-and-why/benefits-of-ucd. html.

[306] Van Horne Institute. (2017). Our Mission, Vision and Goal. Retrieved May 2017, from http://www.vanhorne.info/.

[307] Viant, A. (1993). *Enticing the elderly to travel. Tourism Management*, *14*(1), 52-60.

[308] Von Eye, A. & Wiedermann, W. (2015). Person-Centered Analysis. In R. A. Scott & S. M. Kosslyn (Eds.), *Emerging Trends in the Social and Behavioural Sciences: An Interdisciplinary, Searchable, and Linkable Resource.* New York (NY): John Wiley & Sons, Inc.

[309] VTI (Swedish National Road and Transportation Research Institute). (n.d.-a). The Library. Retrieved May 2017, from https://www.vti.se/en/library/.

[310] VTI (Swedish National Road and Transportation Research Institute). (n.d.-b). VTI's Research and Services. Retrieved May 2017, from https://www.vti.se/en/.

[311] W3C (Web Accessibility Initiative). (2004). Notes on User Centered Design Process (UCD). Retrieved September 2017, from https://www.w3.org/WAI/redesign/ucd.

[312] Wacker, R. R. & Roberto, K. A. (2014). *Community Resources for Older Adults: Programs and Services in an Era of Change* (4th ed.). Thousand Oaks (CA): SAGE Publications, Inc.

[313] Wang, T. (2013, May 13). Big Data Needs Thick Data, *Ethnography Matters.*

[314] Warick, J. (2017). 'It's Going to Be Quite a Nightmare': Passengers Outraged by STC Closure. Retrieved August 2017, from http://www.cbc.ca/news/canada/saskatoon/saskatchewan-bus-company-stc-end-service-shutdown-1.4036612.

[315] WFS (Worldwide Flight Services). (n.d.). Baggage Delivery Services. Retrieved April 2017, from http://www.hkairportconcierge.com/baggage_delivery_service.php.

[316] WHO (World Health Organization). (2007). *Global Age-friendly Cities: A Guide.* Geneva, Switzerland: WHO.

[317] WHO (World Health Organization). (2014). Why Should Cities Become More Age-Friendly? Retrieved February 2017, from https://extranet.who.int/agefriendlyworld/why-become-more-af/.

[318] WHO (World Health Organization). (2015). *World Report on Ageing and Health*. Geneva, Switzerland: WHO.

[319] WHO (World Health Organization). (2016). *Global Strategy and Action Plan on Ageing and Health, 2016—2020*. Geneva, Switzerland: WHO.

[320] WHO (World Health Organization). (2017a). Age-friendly Environments. Retrieved February 2017, from http://www.who.int/ageing/age%ADfriendly%ADenvironments/en/.

[321] WHO (World Health Organization). (2017b). WHO Global Network for Agefriendly Cities and Communities. Retrieved February 2017, from http://www.who.int/ageing/projects/age_friendly_cities_network/en/.

[322] WHO (World Health Organization). (2017c). Disabilities. Retrieved August 2017, from http://www.who.int/topics/disabilities/en/.

[323] WHO (World Health Organization). (2017d). Global Age-Friendly Cities Project. Retrieved September 2017, from http://www.who.int/ageing/projects/age_friendly_cities/en/.

[324] Wilson, J. (2012). Volunteerism research: A review essay. *Nonprofit and Voluntary Sector Quarterly*, *41*(2), 176-212.

[325] Windsor, T. D., Anstey, K. J., Butterworth, P., Luszcz, M. A., & Andrews, G. R. (2007). The role of perceived control in explaining depressive symptoms associated with driving cessation in a longitudinal study. *The Gerontologist*, *47*(2), 215-223.

[326] Worsfold, J. & Chandler, E. (2010). *Wayfinding Project*. London, United Kingdom: Royal National Institute of Blind People.

[327] WRIA (Winnipeg Richardson International Airport). (2010). Universal Design in New Air Terminal Building. Retrieved April 2017, from http://www.waa.ca/blog/post/674/universal-design-in-new-air-terminal-building.

[328] WRIA (Winnipeg Richardson International Airport). (2015). Winnipeg Richardson International Airport Celebrated with Premier's Award for Design Excellence. Retrieved April 2017, from http://www.waa.ca/media/news/article/727/winnipeg-richardson-international-airport-celebratedwith-premier-s-award-for-design-excellence.

[329] Wu, Y. H., Damnée, S., Kerhervé, H., Ware, C., & Rigaud, A. S. (2015). Bridging the digital divide in older adults: A study from an initiative to inform older adults about new technologies. *Journal of Clinical Interventions in Aging*, *9*(10), 193-200.

[330] YVR (Vancouver International Airport). (2011). YVR Green Coat FAQ. Retrieved February 2017, from http://www.yvr.ca/-/media/yvr/documents/information-and-assistance/2011_04_yvr-green-coat-faq.pdf? la = en.

[331] YVR (Vancouver International Airport). (2017). Porter Services. Retrieved February 2017, from http://www.yvr.ca/en/passengers/navigateyvr/porterservices.

[332] YYC (Calgary International Airport). (n.d.). White Hat Volunteers. Retrieved September 2017, from https://www.yyc.com/en-us/calgaryairportauthority/volunteeringatyyc/whitehatvolunteers.aspx.

附　　录

附　录

无障碍交通标准：加拿大、美国和欧盟

《加拿大交通运输法案综述》(GC, 2015b)涵盖由咨询顾问公司、独立研究组织、大学和独立研究人员提交的大量研究报告，其中有很多报告对加拿大无障碍交通与美国和欧盟的无障碍交通进行了比较(Ashby, 2015; CBS, 2015; Frye, 2015a, 2015c)。在这些报告和综述中，提供了详细的比较表(GC, 2015b, 2015d)，分析比较了加拿大、美国和欧盟一些无障碍标准的异同(例如：无障碍卫生间的建设标准)。本附录对加拿大、美国和欧盟在无障碍标准和政策方面最主要的异同点进行了总结。

1. 条例和法规

正如第二章所述，大多数的加拿大无障碍交通标准是由自愿实施标准而非法规条例规定的，这些标准是在广泛征求交通行业和残疾协会代表的意见后所制定。尽管实施标准难以与法规条例一样具有强制执行力，但仍被期望遵照执行(Frye, 2015a)。相比之下，美国和欧盟均无实施标准，而是(大部分情况下)通过强制性、具有法律约束力的法规条例来管理无障碍交通(GC, 2015b)。在欧盟，无障碍交通条例分为技术(建设)条例和乘客权利条例，通常来讲，每个成员国会对条例提供相应的指导性文件作为补充，以便进一步明确要求，从而协助条例实施。与实施标准一样，这些指导性文件不可依法强制执行，但可以在正式法律程序中加以考虑(Frye, 2015a)。

2. 不同运输方式的联邦权力范围

与其他交通模式相比，公交出行无障碍标准的比较更为复杂。在加拿大，地铁和城市公交等城市交通系统属于市政府或省政府管辖，而非联邦政府，因此城市公交不在自愿《城际客运准则》(Intercity Bus Code)

的管理范围之内。作为加拿大唯一一个拥有残疾人法案的省份,安大略省有权强制执行省里所规定的交通无障碍要求。与加拿大不同,美国的无障碍规定不仅适用于州际和国际运输,同时也适用于城市交通,这就意味着美国所有州的城市公交都必须遵守相同的强制性无障碍要求(Ashby, 2015)。欧盟的无障碍技术标准也非常详尽,适用于各地城市公交,确保了所有成员国的一致性。目前,欧盟对于城际客运的无障碍出行未作要求,但如果有欧盟成员国自行要求实现无障碍,则必须遵守欧盟技术条例的规定。需要说明的是,欧盟对于乘客权利条例的规定,仅适用于长途汽车服务(行程超过 250 公里)(Frye, 2015c)。

铁路出行无障碍标准的比较较为简单,尽管在一些具体技术细节上存在差异,加拿大、美国和欧盟之间的标准非常相似。不同的是,这些标准在美国和欧盟都具有直接的法律效力,在加拿大则属于自愿实施标准(Ashby, 2015;Frye, 2015a)。

在航空运输方面,尽管加拿大的航空技术无障碍标准仍属自愿实施标准范畴,但服务标准受《航空运输条例》(the Air Transportation Regulations)第七部分内容的约束,该条例是加拿大仅有的 2 项强制性无障碍法规之一(Frye, 2015c)。这些强制性规定仅适用于加拿大的航空公司运营的国内服务(GC, 2012),而美国的无障碍条例则覆盖美国航空公司提供的所有国内和国际运输服务,以及外国航空公司来往美国的航空运输服务(Ashby, 2015)。欧盟的情况则与加拿大类似,在欧盟,飞机的无障碍技术标准不是由法律规定的,而是由欧洲民航会议(the European Civil Aviation Conference)进行指导管理,航空服务标准是由乘客权利条例(Frye, 2015c)加以规定。

渡轮的无障碍标准在加拿大受自愿实施标准的约束,这些标准中的规定较之美国和欧盟制定的强制性法规更为全面。例如在美国,虽然对客运服务进行了规定,但却没有针对渡轮的无障碍设施标准,因为美国的无障碍条例适用于所有类型的客运船舶,而不仅仅是渡轮(Ashby, 2015)。尽管欧盟对于渡轮制定了强制性建造要求,但其所指非常宽泛,难以解决具体的无障碍需求问题。相比之下,欧洲渡轮服务的乘客权利条例则较为完善(Frye, 2015c)。

此外,加拿大的自愿实施标准和美国的多项条例规定,都涵盖了客运站的无障碍问题。而欧盟除了一些针对铁路客运站的法律要求之外,在客运站方面并没有相关规定可供遵循。有关客运站的无障碍标准由其成员国分别做出规定(Ashby, 2015; GC, 2015d)。

3. 技术标准

加拿大运输局(CTA)并未将交通无障碍设计和施工标准纳入其自愿实施准则中,但是建议使用者参考通用设计原则或加拿大标准协会(the Canadian Standards Association)的设计标准。相比之下,美国和欧盟的无障碍条例都包含详细的技术要求,并得到了欧盟交通运输行业的大力支持,部分原因是在制定这些法规时,采纳了他们的相关意见(CBS, 2015; Frye, 2015a)。

4. 监督和实施

在北美地区,包括加拿大运输局(CTA)、美国运输部(DOT)和司法部(DOJ)在内的联邦机构,都是按照法规要求开展监管活动(GC, 2015c)。欧盟法律实施遵循辅助性原则,该原则规定"只有在成员国不能充分实现预期行动的目标,而欧盟能够更好地实现这些目标时,欧盟才可采取行动"(U. K. Government, 2014)。因此,尽管法律适用于整个欧盟,但通常是由各成员国实施和执行。欧盟无障碍交通标准目前的状况是,由发布机构来执行技术条例,并由各成员国指定的机构来监督和实施乘客权利条例(Frye, 2015a; GC, 2015b)。

5. 争议解决

在美国,"运输部有权自行对可能的违规行为进行调查"(CBS, 2015)。此外,执法调查的判决将被确立为整个行业的案例。而加拿大的情况截然相反,只有在提请投诉时才可以进行调查,且该判决仅适用于最初提请投诉涉及的承运人。由于这些差异的存在,使得美国在审查系统性问题方面更具优势(CBS, 2015)。在欧盟,争端的解决权被赋予各成员国,从而导致对违规行为的处罚差异性很大。但与美国一样,"如果案件已经由法院审理,则将确立判例法并设定为案例"(Frye, 2015a)。

加拿大学术委员会的其他相关研究报告

以下研究报告可通过加拿大学术委员会网站获取,网站地址:www. scienceadvice. ca

Strengthening Canada's Research Capacity: The Gender Dimension (2012)

Aboriginal Food Security in Northern Canada: An Assessment of the State of Knowledge (2014)

The Value of Commercial Marine Shipping to Canada (2017)

Science Culture: Where Canada Stands (2014)

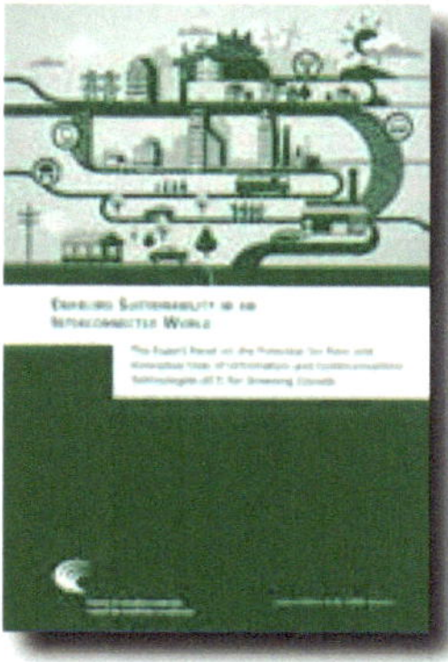

Enabling Sustainability in an Interconnected World (2014)

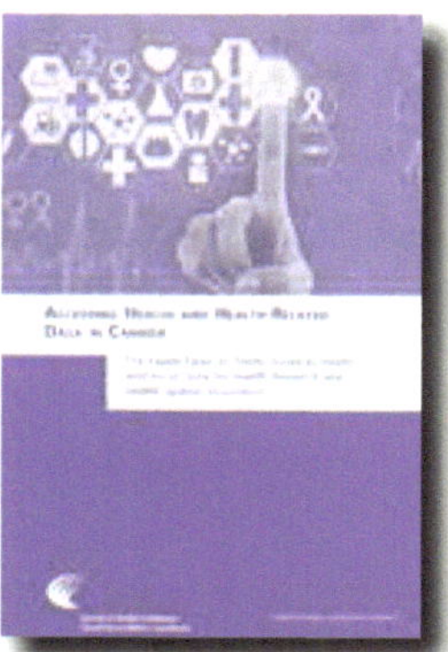

Accessing Health and Health-Related Data in Canada (2015)

加拿大学术委员会管理委员会[①]

1. **Margaret Bloodworth 主席**,前联邦副部长和国家安全顾问(渥太华,安大略省)

2. **Paul Allison 加拿大健康科学院院士**,麦吉尔大学牙科学院院长(蒙特利尔,魁北克省)

3. **Tom Brzustowski 加拿大皇家学会会员**,加拿大国家工程院院士,滑铁卢大学量子计算学会委员,滑铁卢全球科学倡议委员会委员(滑铁卢,安大略省)

4. **David A. Dodge 加拿大皇家学会会员**,贝内特·琼斯律师事务所高级顾问(渥太华,安大略省)

5. **Chad Gaffield 加拿大皇家学会会员**,渥太华大学历史与大学研究主席(渥太华,安大略省)

6. **Jawahar (Jay) Kalra 医学博士,加拿大健康科学院院士**,萨斯喀彻温大学病理学和实验室医学系教授、理事会成员(萨斯喀彻温,萨斯喀彻温省)

7. **Bartha Maria Knoppers 加拿大皇家学会会员,加拿大健康科学院院士**,麦吉尔大学基因组学与政策中心全职教授兼主任,医学与人类遗传学教授(蒙特利尔,魁北克省)

8. **Maryse Lassonde 加拿大皇家学会会员,加拿大健康科学院院士**,魁北克自然科学和技术授权管理机构科学主任;加拿大皇家学会前会长(蒙特利尔,魁北克省)

---

① 截至 2017 年 11 月。

9. **Pierre Lortie 加拿大国家工程院院士**,德同律师事务所高级商务顾问,加拿大国家工程院前院长(蒙特利尔,魁北克省)

10. **Lydia Miljan** 温莎大学政治科学系副教授,艺术和科学系主任(温莎,安大略省)

11. **Linda Rabeneck 加拿大健康科学院院士**,安大略癌症治疗中心预防和控制癌症副主席,加拿大健康科学院主席(多伦多,安大略省)

12. **Douglas Ruth 加拿大国家工程院院士**,曼尼托巴大学教授和荣誉院长,副院长(设计教育),加拿大国家科学和工程研究委员会设计工程主席,工程专业实践与工程教育中心主任(温尼伯,曼尼托巴省)

加拿大学术委员会科学咨询委员会[①]

1. **Susan A. McDaniel 加拿大皇家学会会员，主席**，普伦蒂斯研究所主任，加拿大全球人口与生命课程研究主席(1 级)，普伦蒂斯全球人口与经济研究主席，莱斯布里奇大学社会学教授(莱斯布里奇，阿尔伯塔省)

2. **Lorne Babiuk 加拿大皇家学会会员**，加拿大健康科学院院士，阿尔伯塔大学副校长(埃德蒙顿，阿尔伯塔省)

3. **David Castle**，维多利亚大学行政学院研究副校长和公共管理学院教授(维多利亚，不列颠哥伦比亚省)

4. **Sophie D' Amours**，拉瓦尔大学校长(魁北克，魁北克省)

5. **Jean Gray 外科硕士，加拿大健康科学院院士**，戴尔豪斯大学医学教育，药理学荣誉教授(哈利法克斯，新斯科舍省)

6. **John Hepburn 加拿大皇家学会会员**，加拿大高等研究院(CIFAR)研究副院长(多伦多，安大略省)

7. **Eddy Isaacs 加拿大国家工程院院士**，艾迪艾萨克斯公司董事长，阿尔伯塔大学工程战略咨询顾问(埃德蒙顿，阿尔伯塔省)

8. **Gregory S. Kealey 加拿大皇家学会会员**，新不伦瑞克大学历史系名誉教授(弗雷德里克顿，新斯科舍省)

9. **Malcolm King 博士，加拿大健康科学院院士**，萨斯喀彻温大学教授

① 截至 2017 年 11 月。

(萨斯喀彻温,萨斯喀彻温省)

10. **Daniel Krewski**,渥太华大学流行病学和社区医学教授,迈克劳林人口健康风险评估中心科学主任(渥太华,安大略省)

11. **Stuart MacLeod 加拿大健康科学院院士**,不列颠哥伦比亚大学(温哥华,不列颠哥伦比亚省)儿科教授(荣誉退休);达尔豪斯大学社区卫生与流行病学兼职教授(哈利法克斯,新斯科舍省)

12. **Barbara Neis 加拿大皇家学会会员**,纽芬兰纪念大学约翰·佩顿刘易斯杰出大学教授(圣约翰,新不伦瑞克省)

13. **Eliot A. Phillipson 加拿大健康科学院院士**,多伦多大学约翰爵士和伊顿女士医学名誉教授(多伦多,安大略省);加拿大创新基金会前任总裁兼首席执行官(渥太华,安大略省)

14. **Nicole A. Poirier**,**Koan**,技术解决方案公司董事长(比肯斯菲尔德,魁北克省)

关键术语和概念词汇表

老龄友好(Age-friendly):老龄友好倡议"对老年人的特定需求做到无障碍地积极响应"。城市发展、环境建设,以及组织机构中可以采用"积极的老龄化政策",即"通过完善身体健康、社会参与和安全保障等方面的措施,提高人们年老后的生活质量"。该政策"承认性别、早期生活经验和文化对个人老化过程有着重要影响。这一政策将生物、心理、行为、经济、社会和环境等影响人一生的因素纳入考量,以确保晚年的健康和福利"(WHO,2017d)。

年龄歧视(Ageism):"根据老年人的实际年龄或对老年人的自我认知,年龄歧视被定义为,对老年人消极(或积极)的刻板印象,以及偏见和/或歧视(或对老年人有利)。年龄歧视可以是隐性或显性的,可以在微观(个体)、中观(群体)或宏观(国家)层面上表现出来"(Iversen *et al.*,2009)。

衰老(Aging):它是一个包括各种生理、认知、感觉和社会变化在内的自然过程,这一过程因人而异。"研究结果表明,人类老化的进程比以前估计的更加乐观。现在越来越多的人努力将正常衰老与疾病或病理学区分开来。很明显,衰老并非生病或疾病的同义词。诚然,某些组织器官的衰老往往使个体更容易患病,但是没有任何疾病是随年龄增长而不可避免的"(Saxon *et al.*,2014)。

加拿大交通运输体系(Canadian transportation system):涵盖加拿大所有可能的交通方式,包括联邦交通运输体系的交通方式。联邦交通运输体系包括航空、铁路、城市客运和省际(或国际)轮渡。

残疾(Disability):"残疾是一个总称,涵盖损伤、行动受限和参与限制。损伤是指身体功能或结构方面存在问题;行动受限是指个人在开展一项任务或行动时遇到困难;而参与限制是指个人在生活中难以参与和融入的问题。因此,残疾并不仅是一个健康问题,而是一个复杂的现象,反映了一个人的身体特征与他/她所生活的社会特征之间的相互作用。克服残疾人面临的困难,需要采取干预措施来消除环境和社会障碍”(WHO,2017c)。

门到门出行(door – through – door journey):即一种跨交通网络的一体化无缝出行,人们在家里制定出行计划,并舒适地从家出发到达车站和机场等交通场所,最后抵达既定目的地完成旅程。一次完整的门到门出行,可能是采用不同交通方式的多个行程的“多式联运”出行。

报告中涉及的简写及缩略语

AEEMAS：老龄化社会资源的高效能整合（Attaining Energy-Efficient Mobility in an Aging Society）

ACAA 航空公司无障碍法（Air Carrier Access Act）

ACCESS Advisory Committee：无障碍航空运输咨询委员会（The Advisory Committee on Accessible Air Transportation）

CATSA：加拿大航空运输安全局（Canadian Air Transport Security Authority）

CCD：加拿大残疾人委员会（Council of Canadians with Disabilities）

CLSA：加拿大老龄化纵向研究（Canadian Longitudinal Study on Aging）

CTA：加拿大运输署（Canadian Transportation Agency）

DOT：美国交通部（U. S. Department of Transportation）

ESDC：加拿大就业和社会发展部（Employment and Social Development Canada）

ICAO：国际民用航空组织（International Civil Aviation Organization）

ICC：因纽特人极地委员会（Inuit Circumpolar Council）

ICT：信息和通信技术（Information and Communication Technologies）

IoT：物联网（Internet of Things）

MaaS：出行即服务（Mobility as a Service）

NAS：加拿大国家机场体系（National Airports System）

OECD：经济合作与发展组织（Organisation for Economic Co-operation and Development）

R&D 研究和开发（Research and Development）

TC：加拿大交通部（Transport Canada）

TDC：交通运输发展中心（Transportation Development Centre）

TSA：交通安全管理局（Transportation Security Administration）

TSB：加拿大交通运输安全委员会（Transportation Safety Board of Canada）

内 容 提 要

本书由 CCA(加拿大学院理事会)研究人员编写,由交通运输部科学研究院组织翻译,对加拿大老龄化出行的现状、障碍及展望等进行了详细介绍,并加以实例,系统地对加拿大老龄化出行服务进行了深入剖析和解读。

本书适用于交通运输无障碍出行领域的政府管理者和研究人员阅读参考。